Liebe Eltern,

Bildergeschichten werden etwa von der **4. Klasse** an geschrieben. Diese Lernhilfe macht Ihr Kind mit dieser Aufsatzart vertraut. Einige **allgemeine Techniken** des **Aufsatzschreibens**, die auch für die Bildergeschichte wichtig sind, werden in der *Hauschka Lernhilfe Nr. 225, Erlebniserzählung,* behandelt und können aus Platzgründen hier nicht mehr wiederholt werden. Mit diesem Arbeitsheft kann Ihr Kind **allein** lernen. Der Verfasser hat die Aufgaben so verständlich dargestellt, dass auch schwache Schüler damit zurechtkommen. Die **Lösungen** finden Sie in der **Mitte des Heftes**, sie können herausgetrennt werden.

Hallo, liebe Schülerin, lieber Schüler!

Du hast diese Lernhilfe aufgeschlagen in der Absicht darin zu arbeiten – nehme ich an. Wahrscheinlich willst du bessere Bildergeschichten schreiben als bisher. Ich denke, du hast das Richtige getan. Jetzt musst du nur noch ein paar wichtige Hinweise beachten, und du kannst mit der Arbeit beginnen:

- Das Zeichen bedeutet: Hier sollst du etwas **durchlesen** oder einfach **nachdenken**.
- Der Stift sagt dir: Hier ist eine **schriftliche Aufgabe** zu lösen. In der Regel schreibst du die Antwort auf einen Notizblock oder in ein besonderes Heft.
- Arbeite auch mal mit einem Freund oder einer Freundin zusammen!
- Auf der Seite 69 findest du eine sinnvolle Zeiteinteilung für den Lernstoff des Programms.

Ich wünsche dir viel Erfolg bei der Arbeit.

Gerhard Widmann

Hauschka Lernprogramme und Trainingsbücher Nr. 224

Ernst-Platz-Straße 28, 80992 München
Postfach 500345, 80973 München,
Tel. 0 89/1 41 60 13, Fax 0 89/1 41 60 15
Verfasser: Gerhard Widmann, Mühltalweg 5, 83122 Samerberg, www.gerhard-widmann.de
Lektorat: Heike Hünemann-Rottstegge, 85757 Karlsfeld
Illustrationen: Karl Feil und Hubert Stadtmüller, München
Satz und Gestaltung: Odysseus Design, München
Druck: Steinmeier, Nördlingen

ISBN 3-88100-224-3

Die Bildergeschichte

1. Was ist eine **Bildergeschichte**?

Sicher weißt du, was eine Bildergeschichte ist. Hier auf dieser Seite findest du eine. Sie heißt:

Jakob und die Fahrradpanne

B e t r a c h t e die beiden Zeichnungen genau. (Viel Spaß dabei!)
Hat dir die Bildergeschichte gefallen?

Merke:

Eine Bildergeschichte ist
- eine **Geschichte in Bildern**, also
- eine **gezeichnete Erzählung**.

2. Aus **Bildern** werden **Wörter**

2.1 **Beschreiben** oder **erzählen**?

Manchmal drückt dir dein Lehrer so eine Bildergeschichte in die Hand und sagt: „Schreibe sie auf! Mache einen Aufsatz daraus!"

Das ist gar nicht so einfach!

Du musst nämlich dabei eine Geschichte aus **Bildern** → **umformen** → zu einer Geschichte aus **Wörtern**.

Hier findest du **zwei** solcher Wortgeschichten zu unserer Bildergeschichte Jakob und die Fahrradpanne.

Lies sie genau durch!

Jakob und die Fahrradpanne (Text 1)

Der kleine Herr Jakob hat eine Fahrradpanne. Er ist von vorne mit einem anderen Fahrradfahrer zusammengestoßen. Nun sitzen sie beide in der Wiese und sind ziemlich ratlos. Der kleine Herr Jakob zeigt auf den anderen um ihm klarzumachen, dass er die Schuld hat. Der sieht Jakob nur an. Sein Hut liegt im Gras und seine wenigen Haare stehen ihm zu Berge. Die beiden Räder liegen auf der Straße, ein Vorderrad hat eine Acht. Das sieht nicht gut aus. Aber schließlich setzen die beiden ihre Fahrt doch noch gemeinsam fort. Sie haben die Vordergabel des einen Rades auf die Hinterachse des anderen geschraubt. Nun haben sie ein Tandem und fahren zu zweit davon. Jakob vorne, der andere hinten. Das kaputte Rad, Werkzeug und Schrauben lassen sie (leider!) auf der Straße zurück.

<u>*Jakob und die Fahrradpanne*</u> (Text 2)

Der kleine Herr Jakob machte einen Fahrradausflug. Er war sehr vergnügt: Die Wiesen standen voller Blumen und überall sangen die Vögel. Kein Auto, kein Mensch war weit und breit zu sehen. Auf einmal sah Jakob, dass ihm jemand auf dem Fahrrad entgegenkam. „Was hat der bloß? Der fährt ja hin und her!“, dachte Jakob. Gleich war er da. „He, Sie da! Schauen Sie doch auf die Straße!“, schrie der kleine Herr Jakob. „Vorsicht! Vorsicht!“ Jakob fuhr ganz auf die rechte Seite. Aber umsonst. Krachend prallten die Vorderräder aufeinander und Jakob und der andere saßen in der Wiese.
„Da haben Sie aber gar nicht aufgepasst!“, schimpfte Jakob.
„Leider nicht! Leider! Ich habe die schöne Landschaft betrachtet, da muss ich Sie wohl übersehen haben. Übrigens: Ich heiße Daniel.“
Jetzt erst bemerkten sie, was mit ihren Rädern passiert war. Daniels Vorderrad war völlig verbogen. „Was mache ich bloß?“, seufzte er. Der kleine Jakob sagte ‚hm‘, dann aber hatte er eine Idee. Er teilte sie Daniel mit und klatschte begeistert in die Hände.
Nun machten sich die beiden mit Feuereifer an die Arbeit. Das unbrauchbare Vorderrad wurde entfernt und die Gabel an Jakobs Hinterrad geschraubt.
„Ein prächtiges Tandem!“, strahlte Daniel. Jakob und Daniel schüttelten sich die Hände, so sehr freuten sie sich über ihr gelungenes Werk. Dann stiegen sie auf und setzten ihren Weg gemeinsam fort, wie zwei alte Freunde.

Vergleiche jetzt die beiden Texte (Aufsätze).
Welcher der beiden Texte **beschreibt** nur, was man auf den Bildern sieht?

Lösung siehe **Nummer 1** im Lösungsteil nach Seite 34. **1**

In Text 1 wird also **beschrieben**. Im anderen Text dagegen wird

____________________.

Schreibe das richtige Wort auf!

Lösung siehe **Nummer 2** im Lösungsteil nach Seite 34. **2**

Durch die **Erzählform** wird eine Geschichte natürlich **ausführlicher** und vor allem **lebendiger**.

Merke:

Beschreiben ist
→ nüchtern.
→ sachlich.
→ kurz, ohne Gefühle.

Erzählen ist
→ lebendig.
→ spannend.
→ unterhaltsam.

Für die **Bildergeschichte** kommt deshalb nur die **Erzählform** in Frage.

2.2 Die **richtige Zeit** wählen

Weißt du noch, in **welcher Zeit** (Präteritum = 1. Vergangenheit, Präsens = Gegenwart) die beiden Texte (Seite 5 und 6) geschrieben sind?

Schreibe die **Zeiten** auf!

Text 1: ____________ Text 2: ____________

3 **Lösung Nummer 3** im Lösungsteil nach Seite 34.

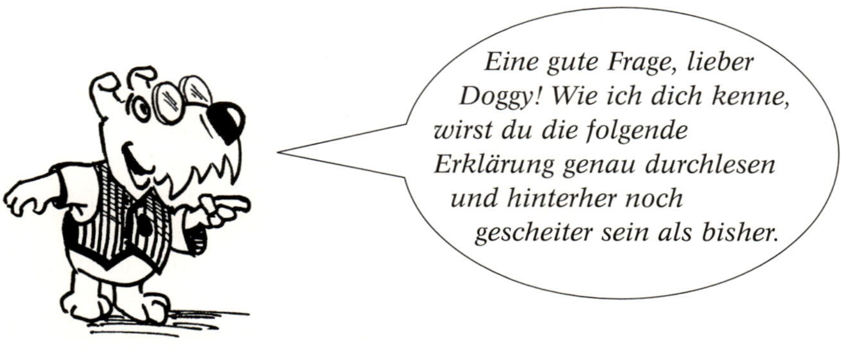

Welche Zeit besser passt, lässt sich nicht so einfach sagen. Man kann das **Präteritum** (1. Vergangenheit) oder das **Präsens** (Gegenwart) anwenden. Besser ist jedoch das **Präteritum**, die **Erzählvergangenheit**, weil man es immer verwendet, wenn man etwas **erzählen** will.
Das **Präsens** ist vorteilhaft, wenn etwas zu **beschreiben** ist. (Und gerade das ist bei der Bildergeschichte nicht so wichtig.)

Merke:

Bildergeschichten erzählt man am besten im **Präteritum** (1. Vergangenheit).

2.3 Auch das **erzählen**, was man **nicht sieht**

Bildergeschichten stellen nur Ausschnitte einer Erzählung dar. So verraten dir zum Beispiel die Bilder auf Seite 2 nicht, **wie** es zu dem Zusammenstoß der Radfahrer gekommen ist.

Welcher Text auf den Seiten 5 und 6 gibt dir auf diese Frage Antwort? Vergleiche die beiden Aufsätze noch einmal.

Lösung Nummer 4 **4**

Zwischen dem **ersten** und dem **zweiten** Bild hat sich etwas ereignet, was der Zeichner in der Bildergeschichte nicht dargestellt hat.

Lösung Nummer 5 **5**

Merke:

Bildergeschichten stellen meistens nur **Ausschnitte** aus einer **zusammenhängenden Geschichte** dar.
Macht man eine **Erzählung** daraus, so muss man das **Fehlende ergänzen**.

Du hast nun einiges über die Bildergeschichte gelernt.

Sicherlich kannst du nun den folgenden Lückentext ausfüllen.

Wer eine **Bildergeschichte** zu einer **Geschichte aus Wörtern** umformt,
- soll nicht **beschreiben**, sondern ___________________;
- soll als **Zeit** am besten ____ ___________________ wählen;
- soll, wenn nötig, auch das erzählen, was __________ gez ...... t ist.

6

Die Bildergeschichte *Jakob und die Fahrradpanne* war lustig, denn so etwas kommt nicht alle Tage vor. So ist das bei den meisten Bildergeschichten. Auch beim nächsten Bild. Es zeigt dir das Straßenleben in einer Stadt. Nun ja, vielleicht nicht das ganz normale Straßenleben, denn in dieser Stadt bestimmen einmal die Kinder, was so alles Unsinniges geschieht. (Da kommen die Erwachsenen aus dem Staunen nicht mehr heraus!)

Der Zeichner zeigt dir 19 nicht ganz alltägliche Spiele (die du bitte nicht nachmachen sollst, denn einige sind mehr oder weniger lebensgefährlich). K r e i s e sie auf dem Bild e i n (die **Spiele** und alle **dazugehörenden Kinder**)!
Bei dieser Aufgabe sollst du lernen genau hinzuschauen.

7

STADTBANK
ZUM KLEINEN ZOO
Blumen
ACHTUNG
MÖBE
RISCHE FISCHE
SEEFISCHE

3. Die Bildergeschichte **erzählen**: ein Weg in **vier Schritten**

3.1 Ein reines Vergnügen: die **Bilder** anschauen

Du weißt jetzt, worauf es ankommt, wenn man eine Bildergeschichte erzählt. Wir wollen nun gemeinsam eine solche Erzählung schreiben.

Keine Angst! Wie man dabei vorgeht, wirst du jetzt lernen.

Zunächst gefällt dir die Arbeit mit der Bildergeschichte bestimmt:
Du betrachtest die Zeichnungen so lange, wie es dir Spaß macht.
Du *siehst* dich also erst einmal richtig in die Geschichte *hinein*.

B e t r a c h t e die folgende Bildergeschichte!
(Du begegnest einem guten Bekannten.)

Gefällt dir die Geschichte?
Wir nennen sie *Jakob und das Bügeleisen.*

(Sicher hast du bemerkt, dass das Bügeleisen nicht so stehen könnte, wie es der Zeichner dargestellt hat. Ich bitte dich um Verständnis: Bei der Geschichte kommt es natürlich vor allem auf den Witz an.)

3.2 Die Arbeit beginnt: sich **genau fragen**, was zu **sehen** ist

Schreibe kurz auf, was du für das **Wichtigste** auf dem ersten Bild hältst!

8

Auf dem zweiten Bild gibt es noch mehr zu sehen!

Schreibe wieder kurz auf!

9

3.3 Für kluge Köpfe: herausfinden, was **nicht gezeichnet** ist

Aus unserer Bildergeschichte soll eine **Erzählung** werden.
Dazu gehört auch das, was der Zeichner **nicht dargestellt** hat.
Wir müssen uns daher fragen:

1. Was geschah **vorher**?
   (Das ist die **Einleitung**.)

?

2. Was hat sich **zwischen** den Bildern ereignet?
   (Das ist eine Art **Fantasieerzählung**.)

?

3. Was geschah **nachher**?
   (Das ist der **Schluss**.)

?

Diese **drei Fragen** musst du dir bei **jeder Bildergeschichte** stellen.
In **welcher Reihenfolge** du diese Fragen stellst, ist bei jeder Geschichte verschieden.

Diesmal beginnen wir am besten mit der zweiten Frage.

Schreibe kurz auf, was Jakob **zwischen** den beiden Bildern gemacht hat.
Das ist nicht schwer herauszufinden.

10

Schreibe auf, was Jakob wahrscheinlich **nach** dem **letzten Bild** machen wird!
Auch das ist nicht schwer.

11

3.4 Der entscheidende Schritt: den **Sinn erkennen**

Jetzt kommt der schwierigste Teil deiner Arbeit.
Wie bei einem Puzzlespiel musst du nun die **Teile** zu einem **sinnvollen Ganzen** zusammenfügen.
Das heißt, dass du **lange** und **gründlich nachdenken** musst.

Bei unserer Bildergeschichte ergibt sich die Frage:

Warum bereitet Jakob sein Spiegelei auf diese **seltsame Art** zu?

Schreibe auf, was dir dazu einfällt.
Es gibt **mehrere** Möglichkeiten!

12

Für **eine** der angegebenen **Lösungsmöglichkeiten** muss man sich **entscheiden**, wenn man die **Bildergeschichte erzählt**.
Es ist **gleich** für **welche**, denn jede macht die Geschichte **sinnvoll**.
Ich schlage vor: *Jakobs Herd ist kaputt.*
Damit haben wir die Frage gelöst, was **vor** dem **ersten Bild** geschehen ist.

Merke:

Wenn man eine **Bildergeschichte erzählt**, geht man am besten in **vier Schritten** vor:
1. die **Bilder** in Ruhe **anschauen**
2. **genau feststellen**, was zu **sehen** ist
3. **herausfinden**, was **nicht gezeichnet** ist, also: Was geschah **vorher** (= **Einleitung**), **dazwischen** (= **Hauptteil** mit **Höhepunkt**), **nachher** (= **Schluss**)
4. den **Sinn erkennen**

Schreibe nun auf deinen Block oder in dein Heft die Erzählung zur Bildergeschichte *Jakob und das Bügeleisen*.

Wenn du damit **fertig** bist, kannst du deinen Aufsatz mit einem **Beispiel**, das du bei den Lösungen findest, **vergleichen**.

13

Nun folgt Doggys Lösung.
(Was schräg gedruckt ist, stammt von ihm! Kann das richtig sein?)

1. Die Bilder in Ruhe *ausschneiden*.
2. Genau feststellen, was zu *kleben* ist.
3. Herausfinden, was *schlecht* gezeichnet ist.
4. Den *Fehler* erkennen.

Schreibe bitte richtig auf!

14

4. **Gut erzählen** kann man lernen

4.1 **Personen sprechen** lassen (wörtliche Rede)

Wer **erzählt**, will, dass man ihm **zuhört**. Man hört gerne zu, wenn eine Geschichte **unterhaltsam** ist. Eine Geschichte ist unterhaltsam, wenn der Erzähler mitteilt, was die Leute **gesprochen** haben (= **wörtliche Rede**). Darum geht es bei den folgenden Geschichten.

✎ Kannst du die Bilder in die **richtige Reihenfolge** bringen?
Schreibe die entsprechenden **Ziffern** in die Kreise!
Die **Lösung** findest du diesmal auf der **nächsten Seite!**

Du hast die Bilder in die richtige Reihenfolge gebracht. Gut!

Versuche dich in die Geschichte *hineinzuhören*.
An den **Sprechblasen** erkennst du, dass jemand spricht.

Und? Hast du Stimmen gehört?
Natürlich keine Geisterstimmen, sondern die Stimmen von

Vater

Mutter

Sohn

Was haben sie gesprochen?
Diesmal will ich es dir noch leicht machen. Was die drei gesagt haben könnten, habe ich schon für dich aufgeschrieben. In der nächsten Aufgabe erfährst du, was du zu tun hast.

Lies zuerst durch, dann ordne die wörtliche Rede den einzelnen Bildern zu, indem du die richtigen Nummern einträgst!

Komm sofort zum Essen, und zwar ein bisschen dalli!

Bild ___

Das dauert und dauert!

Bild ___

Du sollst kommen, Papa, und zwar ein bisschen dalli!

Bild ___

Immer wird man beim Lesen gestört!

Bild ___

Sag Papa, dass er kommen soll.

Bild ___

Unser Sohn kommt mal wieder nicht zum Essen. Du musst ihn holen!

Bild ___

Nun viel Spaß mit der nächsten Bildergeschichte!
Sieh sie dir in Ruhe an!

1 2 3

4 5 6

Wie hat dir die Geschichte gefallen?
Der Zeichner hat alles dargestellt – bis auf die Vorgeschichte.
An die wollen wir diesmal nicht denken. Begnügen wir uns damit, dass Opa Brausewind einen Flugversuch machen möchte, warum auch immer.
Einzige Zuschauerin: Oma Babette.
Interessieren soll uns bei dieser Geschichte vor allem, was zwischen Opa Brausewind und Oma Babette gesprochen wird.

Hier sind Ausschnitte aus der Bildergeschichte.
Sieh nach, woher sie stammen und überlege, was Opa Brausewind oder Oma Babette sagen könnten.

Schreibe auf, was Oma Babette sagen könnte!
(Auf den Block oder ins Heft.)

Auch diesmal sollst du **wörtliche Reden** erfinden!

17

Sicher hast du schon ein wenig Übung und es fällt dir nicht schwer, passende Worte zu finden.

18

Für das Bild, das Opas Landung zeigt, brauchen wir keine wörtliche Rede.

Schreibe noch auf, was Opa Brausewind und Oma Babette auf dem **letzten** Bild sagen könnten!

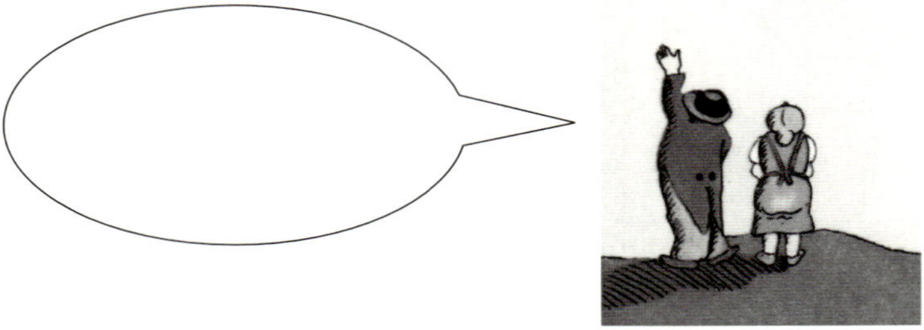

19

Eine (hoffentlich lustige) Aufgabe, bei der du lernst, was bei der Bildergeschichte besonders wichtig ist: **genau hinsehen**.

Auf dem folgenden Lügenbild sind **14 Fehler** zu entdecken.
Streiche sie an oder schreibe sie auf!

20

4.2 **Treffende Wörter** finden

Was sind **treffende Wörter?**
Ganz einfach: Es sind Wörter, die etwas **genau** ausdrücken.

Schreibe auf, was du auf den folgenden Bildern siehst!
(Zu jedem Bild gibt es nur **ein** treffendes Substantiv = Namenwort.)

________________ ________________ ________________

21

Leider fehlen uns oft die **treffenden Wörter** um eine **Sache** zu benennen. Vielleicht hast du das bei der letzten Aufgabe gemerkt.
Ähnlich geht es uns, wenn wir z.B. beschreiben sollen, was einer **tut**, oder wenn wir den Namen für ein bestimmtes **Gefühl** nicht wissen.

Man muss also viele Wörter im Kopf gespeichert haben, damit man auswählen kann, wenn man eines braucht. Wie aber kommen die Wörter in unseren Kopf?

Das ist sehr einfach:
- Man liest Bücher.
- Man unterhält sich mit klugen Leuten.
- Man merkt sich neue Wörter, die man in der Schule hört. Übrigens: In der Schule hört man viele neue Wörter!

Bei der folgenden lustigen Bildergeschichte sollst du sehen, wie man sich um **treffende Wörter** bemühen muss.

Sieh dir die Geschichte an! Viel Spaß!

Für die Geschichte brauchst du viele treffende Wörter. Zum Beispiel Wörter, die **Bewegung** ausdrücken, aber davon später.

Bild 1: Der kleine Mann verliert seinen – ja was nun?
Klar, seinen *Hut*, aber hat dieser *Hut* nicht einen ganz besonderen Namen? Gibt es ein **treffendes Wort** dafür?

Wähle das **richtige** Wort aus!
Hut, Strohhut, Zylinder, Melone, Kappe

22

Schuld am Missgeschick des kleinen Mannes ist der *Wind*.
Na ja, der *Wind*. Vielleicht gibt es auch hier ein treffendes Wort.

Überlege, was passt!

Wind, Lüftchen, Sturm, Lufthauch, Wirbelwind, Orkan, Windstoß, Luftzug, Brise, Bö

Schreibe nun **drei** Wörter auf, von denen du meinst, dass sie am besten zu **Bild 1** passen!

23

Aber wie kommt der Hut vom Kopf?

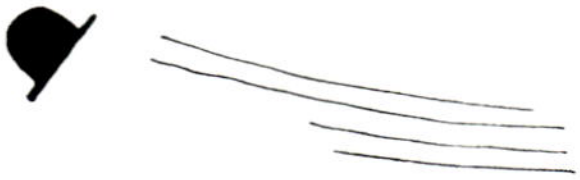

Ü b e r l e g e wieder!
Hier hast du einige Wörter zur Auswahl:

der Wind trieb, warf, fegte, blies, wehte, holte, zog, riss, wirbelte, pustete

S c h r e i b e wieder **drei** Wörter a u f, die deiner Meinung nach am besten passen!

24

Jetzt hast du die Wahl, denn alle Sätze passen:

Ein Windstoß (*auch:* Bö) riss
Der Sturm blies → dem kleinen Mann die Melone vom Kopf.
Ein Luftzug wehte

Beachte: Ein **Windstoß** ist **stärker** als ein **Luftzug**, deshalb *riss;*
nur der **Sturm** kann *blasen,* deshalb *blies.*

Bild 2: Hier interessiert uns die **Bewegung** des kleinen Mannes.
Er wollte die Melone wiederhaben, also *lief* er ihr nach.

Mehrere Wörter passen. Ü b e r l e g e !
er lief, rannte, raste, stürmte, flitzte, eilte, huschte, sprang, jagte, hastete, wetzte, spurtete, sprintete, sauste

S c h r e i b e noch einmal **drei** Wörter a u f, die gut passen.
(S t e l l dir dabei den kleinen Mann beim Laufen vor!)

25

Auch der Hut bewegt sich auf der Wasseroberfläche.
Doch **wie** bewegt er sich?

Du siehst es
auf dem Bild:

Finde selbst **treffende Wörter** dafür!

26

Wichtig bei Bildergeschichten ist der **Gesichtsausdruck** von Personen.
Aus ihm lässt sich schließen, was jemand **denkt** oder **empfindet**.
Die erste Aufgabe dazu will ich dir noch leicht machen.

Überlege, was der kleine Mann, der seinem Hut nachblickt, fühlen könnte.

Suche unter den folgenden Wörtern **drei** passende aus!
der kleine Mann ist verzweifelt, hilflos, verwirrt, ratlos, bekümmert, enttäuscht, ohnmächtig

27

Unser kleiner Mann sieht diesmal ganz anders aus.

✎ S u c h e drei Wörter, die **treffend** ausdrücken, was er **fühlt**.

28

Als **13 Melonen** über dem Ruderer hinwegrauschen, schaut er...
Na, **wie** schaut er denn?
Findest du **treffende Wörter**, die zu seinem **Gesichtsausdruck** passen?

✎ S c h r e i b e a u f, was dir einfällt.

29

Passende **Namenwörter** (Substantive) zu finden ist auch nicht immer leicht. Da stehen also die sieben Herren auf – ja, **worauf** stehen sie eigentlich? Wer den **genauen** Ausdruck nicht kennt, wird *Ufer* sagen.

S u c h e genauere Ausdrücke!

Merke:

Wer Geschichten schreibt, soll **treffende Wörter** verwenden um
Dinge,
Personen, Tiere,
Tätigkeiten,
Gefühle, Gedanken
und Eigenschaften zu benennen.

Wichtig ist, dass man sich beim Schreiben stets um das **passende** Wort bemüht.

4.3 Den **Höhepunkt** einer Geschichte gestalten

Was ist ein **Höhepunkt**?
Ganz einfach: der **wichtigste** Teil einer Bildergeschichte.
Der Höhepunkt kann **spannend** oder besonders **lustig** sein. Er ist auf jeden Fall **interessant**.
Wenn du eine **gute** Bildergeschichte schreiben willst, dann solltest du dich zunächst mit dem Höhepunkt beschäftigen.
Deshalb ist bei jeder Bildergeschichte zu überlegen:
Wo steckt der Höhepunkt?

Die folgende Bildergeschichte handelt von Herrn Kaiser, seinem Sohn Fritz und dem Dackel Willi.
Welches Bild oder welche Bilder zeigen den Höhepunkt?

Lösungen zu 224

Bildergeschichte

1 *Sicher ist dir die Lösung nicht schwer gefallen:*
Der erste Text (Aufsatz) **beschreibt** nur, was man auf den Bildern sieht.

beschreibend →

Nun sitzen sie beide in der Wiese...
Der kleine Herr Jakob zeigt auf den anderen...
Die beiden Räder liegen auf der Straße...

2 Im anderen Text dagegen wird **erzählt**.

erzählend →

Krachend prallten die Vorderräder aufeinander....
„Da haben Sie aber gar nicht aufgepasst!“, schimpfte...
Jakob und Daniel schüttelten sich die Hände...

3 *Ist dir die Lösung schwer gefallen?*
Sieh dir bitte auch die Erklärungen genau an!

Text 1 steht im	**Text 2** steht im
Präsens (Gegenwart): → Nun **sitzen** sie beide in der Wiese.	**Präteritum** (1. Vergangenheit): → Jakob und der andere **saßen** in der Wiese.

Das **Präsens** (Gegenwart) wird häufig mit dem **Perfekt** (vollendete Gegenwart) verbunden. So auch in unserem Beispiel: Er ist von vorne mit einem anderen Fahrradfahrer **zusammengestoßen**.	Die **wörtlichen Reden** in Text 2 brauchen natürlich **nicht** in der **Vergangenheit** zu stehen: „Was **hat** der bloß? Der **fährt** ja hin und her!“

Text 2 4

Hier erfährt man die **Vorgeschichte**: Daniel fährt mit seinem Rad im Zickzack und achtet nicht auf den entgegenkommenden Jakob. Natürlich ist die **Vorgeschichte nicht gezeichnet**. Sie wurde **erfunden** um der Erzählung einen **Zusammenhang**, einen **Sinn** zu geben.

Es wird erzählt, wie Daniel und Jakob gemeinsam aus zwei Rädern eins machen. 5

Diese Wörter waren einzusetzen: 6
erzählen – **das Präteritum** (= 1. Vergangenheit) – **nicht gezeichnet**.

Hier sind die 19 ungewöhnlichen, nicht nachahmenswerten Spiele. 7
(Das Bild zur Auflösung findest du auf der nächsten Seite!)

Hier die Spiele in Worten:

1 wie die Affen in den Ästen herumturnen, wer Pech hat, wird von einem Pfeil getroffen (das sollte nur ein Stuntman machen)
2 aus dem Fenster auf die Markise springen (vielleicht wenn's brennt und die Feuerwehr im Stau steckt)
3 auf dem Laternenpfahl schaukeln (im Zirkus ja!)
4 eine Hauswand emporklettern (nur für Kletterprofis)
5 in der Tierhandlung Vögel freilassen (gut gemeint, aber trotzdem strafbar)
6 da ist der kleine Kerl auf die öffentliche Uhr geklettert (die Feuerwehr versucht sein Leben zu retten)
7 mit dem Wasserschlauch gegen die Blumen spritzen (die Eltern werden staunen über die Rechnung wegen Sachbeschädigung)
8 Knirpse überfallen die Stadtbank mit Spielzeugpistolen (die haben das wohl im Fernsehen gesehen)
9 das Verkehrszeichen als Ziel für Gummipfeile (hoffentlich kriegt das Pferd dahinter keinen ins Auge!)
10 ein Pferd wird gewogen (wenigstens nicht gefährlich)
11 die Kleinen musizieren für den Bettler (das erste nachahmenswerte Spiel)
12 die gefesselte Telefonzelle (hoffentlich leidet der Mann nicht an Platzangst!)

Lösungen 224

13 der Autofahrer wird eine Bassgeige mit Hut vorfinden (ob er Sinn für Humor hat?)

14 vielleicht sammeln die beiden Kinder für den Zirkus!

15 wenn es sich um eine Spielstraße handelt, dann ist gegen das Spiel nicht viel zu sagen

16 in Taucherausrüstung ins Fischgeschäft (der arme Geschäftsmann fürchtet sich wohl vor Harpunen)

17 wenn die Kinderbande den Budenbesitzer trifft, passiert ein Unglück

18 hier wird ein Auto zerlegt (der Besitzer wird das Abendessen verpassen, wenn er alles wieder zusammenbauen muss)

19 da hat sich einer durch die Gitterstäbe gezwängt und ist stecken geblieben (davor hätte ich Angst!)

*Das siehst du auf dem **ersten Bild**:* 8
- Auf dem **Fußboden** steht ein **Bügeleisen**.
- Jakob hält den **Stecker** des Bügeleisenkabels in der Hand, er ist gerade dabei ihn in die **Steckdose** zu **stecken**.

*Das kann man auf dem **zweiten Bild** sehen:* 9
- Das **Bügeleisen** ist jetzt **angeschlossen**.
- Es **steht verkehrt herum** auf dem Fußboden.
- Auf der Sohle des Bügeleisens brutzelt in einer **Pfanne** ein **Spiegelei**.
- Jakob **sitzt** auf dem Fußboden und **schaut zu**; vor ihm steht ein Salzstreuer.

Jakob hat 10
- in der Küche ein **Ei** in die **Pfanne geschlagen**,
- das **Bügeleisen umgedreht**,
- die **Bratpfanne** mit dem Ei **darauf gestellt**,
- **Salz** geholt,
- sich davor auf den **Boden gesetzt**.

Jakob wird das **Spiegelei essen**. 11

Wie schon gesagt, gibt es hier mehrere Lösungsmöglichkeiten: 12
Jakobs **Herd** ist **kaputt**. – Jakob hat einen Gasofen, aber es ist **kein Gas** da. (Vielleicht hat er die letzte Gasrechnung nicht bezahlt.) – Jakob **zieht um**, die Wohnung ist bereits leer und er behilft sich notdürftig mit dem Bügeleisen.
Hast du noch andere Möglichkeiten gefunden?

13 *So könnte ein Aufsatz aussehen. Deiner kann ganz anders geworden sein – und genauso gut!*

Jakob und das Bügeleisen	
Jakob bereitete sein Lieblingsgericht vor: Spiegeleier. Er holte die Bratpfanne, stellte sie auf die Herdplatte und gab etwas Butter hinein; dann schaltete er den Herd ein. Er schlug ein Ei auf um es gleich in die Pfanne zu geben. Doch halt! Das Fett war ja noch immer nicht zerlaufen. Jakob dachte: „Da wird doch nicht der Herd...!“ Ja, leider! Die Herdplatte war kalt, der Herd also kaputt. Eben wollte sich Jakob ärgern, da hatte er einen außergewöhnlichen Einfall. „Das Bügeleisen! Man muss es einfach umdrehen!“, überlegte er.	**Einleitung = Vorgeschichte:** Dies geschah **vor Bild 1**.
Er holte es, stellte es auf den Fußboden und schloss es an.	**Hauptteil:** **Bild 1**
Dann lief er in die Küche und holte die Bratpfanne mit dem Ei und das Salz. Nun drehte er das Bügeleisen um, sodass die untere Seite nach oben schaute. „Ob das gelingen wird?“, fragte sich Jakob, als er die Pfanne vorsichtig auf das Bügeleisen setzte.	Dies geschah **zwischen Bild 1** und **Bild 2**.
Dann nahm er auf dem Boden Platz und bestaunte sein Werk. In der Pfanne begann es bald zu zischen und zu brutzeln und köstlicher Spiegeleierduft zog in Jakobs Nase.	**Höhepunkt:** **Bild 2**
„Jetzt ist es fertig“, sagte Jakob nach einer Weile. Er schaltete das Bügeleisen ab und aß mit großem Appetit.	**Schluss:** Dies geschah **nachher.**

*So sind die **vier** Schritte richtig wiedergegeben:* 14
1. Die Bilder in Ruhe **anschauen**.
2. Genau feststellen, was zu **sehen** ist.
3. Herausfinden, was **nicht** gezeichnet ist.
4. Den **Sinn** erkennen.

Bild 1: Unser Sohn kommt mal wieder nicht zum Essen. 15
Du musst ihn holen!
Bild 2: Komm sofort zum Essen, und zwar ein bisschen dalli!
Bild 3: Immer wird man beim Lesen gestört!
Bild 4: Das dauert und dauert!
Bild 5: Sag Papa, dass er kommen soll.
Bild 6: Du sollst kommen, Papa, und zwar ein bisschen dalli!

Es gibt mehrere Möglichkeiten, z.B. diese: 16
Oma Babette: „Nimm diese beiden noch dazu. Vielleicht hebst du dann ab."

Opa Brausewind: „Ich fliege, ich fliege! Es ist herrlich!" 17
Oma Babette: „Gute Reise!"

Opa Brausewind: „Hilfe! Ich stürze ab!" 18
Oma Babette: „Mein Gott, wie schrecklich!"

„Leb wohl, lieber Luftballon! Und vielen Dank!" 19

Dies sind die Fehler auf unserem Lügenbild: 20
1. eine **Schublade**, die man ins **Spülbecken** schiebt
2. der **Zylinder** auf dem **Herd**
3. **Klebstoff** in die **Pfanne** geben
4. der **41. Tag** auf dem **Kalender**
5. der **Elektroherd** als **Aquarium**

6. **Schlittschuhe** in der Küche mit **falsch angebrachten Kufen**
7. eine **„Pistolen-Teekanne“**
8. das **falsch angeordnete Zifferblatt** der Uhr
9. eine **„Flügelpflanze“** im Blumentopf
10. ein **falsch montierter Eimerhenkel**
11. die **Maus** anstelle der **Lampenglühbirne**
12. eine **Steckdose** mit zu **vielen Löchern**
13. ein **Schraubenzieher** als **Teil des Besteckes**
14. eine **Glühbirne** am **Wasserhahn**

21 *So und nicht anders heißen die drei Wörter:*
Allee – Indianer – Lamm

22 *Diesen Hut bezeichnet man als* – **Melone**.

23 *Um richtige Lösungen zu finden, musstest du nachdenken:*
Wind scheidet aus, weil es zu allgemein ist;
Lüftchen ist zu schwach;
ein **Sturm** reißt die Melone natürlich vom Kopf, aber ein Sturm dauert länger und niemand in der Geschichte könnte deshalb eine

Kopfbedeckung tragen, also passt Sturm nicht;
ein **Lufthauch** bringt keinen Hut vom Kopf;
ein **Wirbelwind** schafft es, kommt aber selten vor;
Orkan, ja, aber muss es denn gleich ein Orkan sein?;
Windstoß ist ein treffendes Wort;
ein **Luftzug** ist nicht besonders stark, könnte es aber schaffen, wenn der Hut nicht zu fest sitzt;
Brise passt besser für Seeleute;
dagegen trifft **Bö** die Sache voll.
Richtige Lösungen sind demnach: **Windstoß, Bö, Luftzug**

Diese Wörter passen: 24
blies – wehte – riss (auch **fegte** und **wirbelte** wären denkbar)

Unser kleiner Mann ist ein wenig dick, er ist nicht mehr der Jüngste und kommt wohl schnell außer Atem. 25
Daran musst du denken, wenn du ein passendes Wort suchst, deshalb kommen **raste, flitzte, spurtete, sprintete** und **sauste** nicht in Frage.
Es passen: **rannte, jagte** und **hastete**.
Eilte ist zu harmlos und **wetzte** benutzt man nur in der Umgangssprache.

So könnte man schreiben: 26
Der Hut **schwamm**,
wiegte sich,
schaukelte,
tänzelte auf der Wasseroberfläche.

Es ist ein Missgeschick, wenn ein Hut ins Wasser fällt, ein großes Unglück ist es allerdings nicht. 27
Diese drei Wörter passen gut:
hilflos (er muss zusehen, weiß sich nicht zu helfen);
ratlos (in diesem Fall ist guter Rat teuer);
bekümmert (es tut ihm schon ein wenig Leid, dass der schöne Hut im Wasser schwimmt).

28 *Diese Wörter passen alle:*
Der kleine Mann **freut sich**,

ist **entzückt**,
ist **vergnügt**,
strahlt.

29 *Für die Gefühle des Ruderers hält unsere Sprache viele passende Ausdrücke bereit:*
Der Ruderer blickt **überrascht**,

erstaunt,
verblüfft,
entgeistert,

verdutzt,
verwundert nach oben.

In der Umgangssprache würde man es so ausdrücken:
Der Ruderer war so **baff** (**platt**), dass ihm die Spucke wegblieb.

30 *Folgende Ausdrücke sind geeignet:*
Hafendamm, Landungsbrücke, Anlegestelle, befestigtes Hafenufer, Mole, Kai (*auch:* Quai)

31 Der absolute Höhepunkt ist natürlich **Bild 6**, in dem ein unvorhergesehenes Ereignis eintritt. Allerdings tritt der Höhepunkt nicht unvorbereitet ein, andere Bilder führen zu ihm hin.

Etwa **Bild 2**, auf dem man sehen kann, wie Vater und Sohn dem armen Willi arg mitspielen.

Dazu gehört auch **Bild 5**, das den Höhepunkt schließlich auslöst.

32 *Dies wäre ein Schluss für die Geschichte:*
Ja, nun waren alle patschnass, und während sich Willi immer wieder

die Tropfen aus dem Fell schüttelte, mussten Herr Kaiser und sein Sohn wohl oder übel in neue, trockene Kleidung schlüpfen.
„Ja, lieber Fritz“, sagte der Vater zu seinem Sohn, „so haben wir uns das nicht vorgestellt, aber ein bisschen verdient haben wir die kalte Dusche schon. Meinst du nicht auch?“
Und der Dackel Willi schaute sein Herrchen mit treuen Augen an.

Dies ist zu sehen: 33
Herr Kaiser hält den Gartenschlauch und gießt den Garten. Wahrscheinlich handelt es sich um einen Blumengarten, ein Rosenstrauch und einige Blumen im Vordergrund deuten darauf hin. Herr Kaiser ist konzentriert bei der Arbeit. Neben ihm steht sein Sohn und sieht ihm interessiert zu. Beide bemerken nicht, wie Willi gerade beginnt den Schlauch durchzubeißen.

Aus einem Loch im Schlauch schießt eine Wasserfontäne hervor. 34
Eingehüllt in eine Wolke aus Wassertropfen, ergreifen Vater und Sohn Hals über Kopf die Flucht. Willi sitzt daneben und sieht seelenruhig zu.

Bild 5: Man hört das sanfte, ruhige Rauschen des Wasserstrahls. 35
Bild 6: Das Wasser zischt wie eine Fontäne aus dem Loch.

Bild 5: Vater und Sohn sind zufrieden, weil sie Willi einen Streich gespielt haben. Sie genießen den warmen Sommertag. 36
Bild 6: Die plötzliche eiskalte Dusche jagt den beiden einen gewaltigen Schrecken ein.

In dem Augenblick, als Willi den Schlauch durchbeißt. 37

*Dies ist ein Vorschlag für den **Höhepunkt** (beachte den **Zeitwechsel** vom **Präteritum** = 1. Vergangenheit zum **Präsens** = Gegenwart):* 38
Zufrieden genossen die beiden die sommerliche Wärme. Es war ganz

still, nur das sanfte, ruhige Rauschen des Wasserstrahls, den Herr Kaiser lenkte, war zu hören. Fritz, dicht an seiner Seite, verfolgte aufmerksam, wie Vater die Rosen und all die anderen Sommerblumen mit frischem Wasser versorgte. Dass zur gleichen Zeit hinter ihrem Rücken scharfe Zähne in den sonnenwarmen Gummi des Schlauches dringen, merken sie erst, als eine zischende Fontäne aus tausend eiskalten Wassertropfen wie ein plötzlicher Platzregen über ihnen niederprasselt.
Als ginge es um ihr Leben, flohen die beiden Hals über Kopf vor so viel Kälte und Nässe. Willi sah den Flüchtenden sehr zufrieden nach.

39 *Hier findest du **Nummern** und **Bilder** in der richtigen Reihenfolge:*

	Gesicht	**Ohren**	**Schwanz**	**Körper**
Imponier-haltung	11 	2 	8 	3 
Drohhaltung	5 	7 	6 	10 
Demutshaltung	12 	1 	9 	4 

40 **1. Schritt:** die Bildergeschichte **anschauen**

41 **2. Schritt**: **genau feststellen**, was auf **jedem Bild** zu **sehen** ist

42 Der Lehrer hat Max zu sich herausgerufen.
Er sieht ihn streng durch seine Brille an und zeigt mit dem Finger auf sein Heft.

Max lässt betrübt den Kopf hängen.
Zwei Buben auf den Schulbänken (einer lacht) schauen zu.

Während er mit der Schultasche auf dem Rücken heimgeht, denkt Max an sein Heft mit den falschen Rechenergebnissen. Die muss er von seinem Vater unterschreiben lassen. Max macht ein finsteres und nachdenkliches Gesicht. **43**

Max kniet auf dem Boden. **44**
Mit verbundenen Augen schreibt er seinen Namen mehrmals auf ein großes Blatt Papier (natürlich nicht Max, denn diesen Namen haben wir ihm gegeben; in der Bildergeschichte ist er einfach der *Sohn*).
Der Vater steht vor ihm und sieht interessiert zu.

4. Bild: Jetzt liegt Vater auf dem Bauch und schreibt mehrmals das Wort *Vater* (sein Name in der Bildergeschichte) auf ein Blatt. Max holt inzwischen ein Heft aus seiner Schultasche. **45**
5. Bild: Vater schreibt mit verbundenen Augen seinen Namen in ein Heft, das ihm Max untergeschoben hat.
6. Bild: Vater hat das Tuch abgenommen und betrachtet stolz seine gelungene Unterschrift.
Max ist gerade dabei, sein Heft wieder in die Schultasche zu stecken.
Auch er macht ein zufriedenes Gesicht.

3. Schritt: herausfinden, was **nicht gezeichnet** ist. **46**
Was geschah **vorher**, **dazwischen**, **nachher**?

Vielleicht hat der Sohn seine Rechenhausaufgabe in Eile und deshalb nachlässig gemacht. Der Lehrer hat die Hefte eingesammelt und durchgesehen. Er ruft Max zu sich heraus. **47**

Zu Hause holt Max Schreibzeug und Papier. Dann verbindet er sich **48** die Augen und ruft seinen Vater; der soll ihm beim Schreiben zusehen. Es wäre auch denkbar, dass beide eine Wette abgeschlossen haben, wer seinen Namen mit verbundenen Augen am besten schreiben kann.

49 **Bild 3 – Bild 4:** Vater möchte auch *blind* seinen Namen schreiben und lässt sich die Augen verbinden.
Bild 4 – Bild 5: Max schiebt dem schreibenden Vater – während dieser gerade einmal mit dem Schreiben aufgehört hat – das Heft unter.
Bild 5 – Bild 6: Max zieht das Heft wieder weg; Vater nimmt das Tuch von den Augen.

50 Am nächsten Tag zeigt Max seinem Lehrer die geforderte Unterschrift.

51 Du sollst den **Sinn** der Bildergeschichte **herausfinden**.

52 *Dies sind die richtigen Antworten:*
1) Du hast alles falsch ausgerechnet. Ich möchte, dass du diese Hausaufgabe von deinem Vater unterschreiben lässt.
2) Er befürchtet, von seinem Vater geschimpft zu werden.
3) Bild 5, denn hier unterschreibt Vater.
4) Hereingelegt
5) zwischen dem 2. und 3. Bild

53 *Lies diesen Aufsatz genau durch, denn*
- *vielen Schülern ist schon geholfen, wenn sie sich die Aufsätze von anderen ansehen, und*
- *Beispiele geben immer Anregungen für das eigene Aufsatzschreiben.*

Unterschrift des Vaters Max hatte seine Rechenhausaufgabe schnell hingeschrieben. Die Freunde warteten schon draußen, da	Zeit: **Präteritum** **Einleitung:** die **Vorgeschichte**

fand er einfach keine Ruhe mehr zum Arbeiten. „Der Lehrer wird mein Heft ja doch nicht nachsehen!“, beruhigte er sich.	
Am nächsten Tag ging es Max vor der Rechenstunde gar nicht gut. Tatsächlich: Der Lehrer sammelte die Hefte ein. Am Ende der Stunde rief er Max zu sich. Mit strengem Blick sah er ihn durch seine Brille an: „Alles falsch, mein Lieber!“ Er zeigte auf das Heft und sagte ernst: „Das wird dein Vater unterschreiben.“	**Hauptteil** **1. Bild**
Traurig ließ Max den Kopf hängen. Als die Schule aus war, wäre er am liebsten nicht nach Hause gegangen.	Gesichts- ausdruck
Unterwegs stellte er sich fortwährend sein Heft vor, in das Lehrer Hartmann geschrieben hatte: „Unterschrift des Vaters.“ „Vater wird sehr böse auf mich sein“, dachte er, „wie kann ich bloß dem Donnerwetter entgehen?“ Er war ein bisschen verzweifelt – bis er plötzlich eine Idee hatte, einen rettenden Einfall. Er lächelte ein wenig. „Das ist gut“, sagte er. So musste es gehen. Und Max war auf einmal erleichtert. Zu Hause tat Max, als wäre nichts geschehen. Nach dem Mittagessen holte er Papier, Schreibzeug und ein Halstuch. „Was willst du denn damit?“, fragte sein Vater etwas neugierig. Max gab keine Antwort, sondern verband sich mit dem Tuch die Augen und kniete auf dem Boden nieder.	**2. Bild** Die Idee wird hier noch nicht verraten, das steigert die Spannung.
Jetzt schrieb er ein paarmal *blind* seinen Namen auf das Papier. Vater, der interessiert zusah, staunte. Er bekam Lust es auch zu versuchen und sagte: „Lass mich mal!“	**3. Bild**
Darauf hatte Max gewartet. Sie wechselten die Plätze und Vater bekam das Tuch. Während er auf dem Bauch	**4. Bild**

lag und seinen Namen aufs Papier schrieb, holte Max schnell sein Heft aus der Schultasche. Er war sehr aufgeregt, denn Vater durfte ja nichts merken.	Gesichts-ausdruck
Als Vater kurz absetzte, dachte Max: „Jetzt oder nie!“ Blitzschnell schob er das Heft unter Vaters Füller und sah gespannt zu, wie Vater ahnungslos seinen Namen ins Heft schrieb.	**Höhepunkt** **5. Bild** Gesichts-ausdruck
Behutsam zog Max das Heft wieder beiseite, und als Vater das Tuch abnahm und voller Stolz sein gelungenes Werk betrachtete, war Max' Heft schon wieder in der Schultasche verschwunden.	**6. Bild** Gesichts-ausdruck
Am nächsten Tag verlangte Herr Hartmann mit strenger Miene die Unterschrift. „Hat dich dein Vater wenigstens ordentlich geschimpft?“, fragte er. „Nein, überhaupt nicht“, antwortete Max. Und das war die Wahrheit.	**Schluss: Nach-geschichte**

54 *Es war wohl nicht ganz leicht die Lösung zu finden. Aber ich denke, du hast es geschafft. Hier ist sie:*

1	5	4	2	6	3

55 1: Ausschnitt B 2: Ausschnitt A 3: Ausschnitt C

56 1: Ausschnitt A 2: Ausschnitt B

57 Entweder man schreibt aus dem Blickwinkel **aller** Personen oder nur **einer** Person.
Außerdem ist noch die **Ich-Form** möglich.

Wo ein Wille ist, findet sich auch ein Weg: 58

An der Vogelscheuche hängt kein Kleid mehr. 59

Der Junge, der auf **Bild 1** zu sehen ist, hat das Kleid angezogen. 60

Der Junge sieht die Vogelscheuche und hat eine Idee. Er legt Schultasche und Mütze ab; dann nimmt er das Kleid vom Holzkreuz, schneidet zwei Löcher (für die Augen) hinein und verkleidet sich als Gespenst. 61
Damit kommen wir dem **Sinn** der **Geschichte** schon **nahe**:
Der Junge will die spielenden Kinder (**Bild 3**) **erschrecken**.

Zunächst scheint der Plan zu gelingen. Die beiden Mädchen erschrecken und laufen davon. 62

Der Hund springt wütend auf die seltsam aussehende Gestalt zu und reißt ihr das Kleid vom Leib. 63

Auf **Bild 3** (ganz im Hintergrund!). 64

Dass das Kleid verschwunden ist. 65

Er hebt drohend den Arm! 66

67 Das Ende der Geschichte ist ziemlich klar: Der Bauer schimpft unseren Spitzbuben, vielleicht lässt er ihn sogar ein wenig den Stock spüren (zu Opas Zeiten war das so). Der Junge wird schließlich das Kleid wieder an seinen alten Platz hängen, es möglicherweise vorher ausbessern müssen, wenn der Hund es zu arg zerfetzt hat.

68 *Hier findest du den Schluss, den sich der Zeichner der Bildergeschichte ausgedacht hat.*
Hat deine Fantasie eine ähnlich hundefreundliche Lösung gefunden?

Und so könnte man den Schluss aufschreiben:
Frau Kaiser, Fritzchen Kaiser und Eva Kaiser bedecken mit den Händen ihr Gesicht um nicht mit ansehen zu müssen, wie der Vater das arme Tier hinausführt. Und als Willis Schmerzensschreie – jau, jau und immer wieder jau – vom Hof ins Haus dringen, weinen alle hemmungslos.
Endlich verstummt das Gejaule und alle denken dasselbe: „Wenn er's nur gut überstanden hat, der arme Kerl!"
Welche Freude, als Willi, von allen mit offenen Armen empfangen, erstaunlich munter und unversehrt zurückkehrte. Hinter ihm der strenge Vater, der noch ein wenig heiser war von dem Gejaule, mit dem er Willis Schmerzensschreie vorgetäuscht hatte – denn Strafe muss sein. Da lässt Herr Kaiser auf keinen Fall mit sich reden.

Hast du gemerkt, dass der Text im ***ersten Teil*** *in der* ***Gegenwart*** *erzählt wird? Du hast ja beim Kapitel über den* ***Höhepunkt*** *gelernt, dass dies ein Mittel ist um die Spannung zu steigern.*
Du kannst es auch versuchen.

69 Die **13 Fehler** auf dem Bild:

1. ein **runder Ziegelstein**

2. ein **fliegender Ziegelstein**
3. ein **dreifüßiger Vogel**
4. ein **fliegender Fisch**
5. **verschiedenartige Blätter** am selben Baum
6. ein **Ast,** der aus zwei **getrennten Teilen** besteht
7. ein **Karrenfuß**, der **abgebrochen** ist und doch zusammenhält
8. die **zweierlei Schuhe** des Mannes
9. der **durchbrochene Schornstein**
10. eine **Haustüre**, die **zu hoch** über dem Boden liegt
11. ein **sechseckiges Rad**
12. ein **Pfeifenkopf** mit der **Öffnung nach unten**
13. eine **Pflanze** mit **verschiedenen Blüten**

Hier ist ein Lösungsbeispiel für die Safari-Geschichte: **70**

Löwen sind geduldige Tiere

Doggy wollte nicht zum Baggersee, sondern zu einer Safari nach Afrika. Es wurde die Erfüllung von Doggys größtem Traum, als er mit Professor Siebenkäs dann doch nach Afrika kam und von einem Geländewagen aus einen Elefanten (sie nannten ihn Jojo) mit Mohrrüben füttern konnte. „Müssen wir denn immer in diesem Auto bleiben?“, fragte Doggy, als ihm das Füttern langweilig wurde. (Ein Elefant wird wohl nie satt.)
„Müssen wir.“

„Und warum müssen wir, Siebenkäs?"
„Weil es lebensgefährlich ist, hier einfach herumzuspazieren."
„Das möchte ich mal sehen." Und schon war Doggy aus dem Wagen gesprungen und losmarschiert. „So warte doch", rief der Professor, er nahm noch schnell den Rucksack und zwei Sonnenschirme. So begann ihre Wanderung durch die endlose Savanne und Siebenkäs fand immer mehr Gefallen daran.
Mit der Zeit wurde es heißer und alle Tiere schienen zu schlafen. Schließlich legten sich die beiden müde in den Schatten eines Baumes und schliefen ein. Als sie aufwachten, stand die Sonne tief und es war kühler geworden. „Wir müssen zum Auto zurück", drängte Professor Siebenkäs.
Da entdeckten sie in der Ferne etwas, was sie beunruhigte.
„Sieht nach einem Löwen aus", meinte Doggy. „Das sieht nicht nur so aus, das ist einer!", schrie Siebenkäs. „Das haben wir jetzt davon, weil du unbedingt in der Savanne spazieren gehen wolltest."
„Dann klettern wir jetzt auf diesen Baum", sagte Doggy. Das war nicht leicht, denn eher ließe sich ein Sack Holz auf einen Baum bringen als ein Professor. Doggy hatte wirklich große Mühe mit ihm, während der Löwe immer näher kam. Sie schafften es gerade noch und der König der Tiere musste sich damit begnügen, sein Abendessen von unten zu betrachten.
„Kannst du mir sagen, was wir jetzt machen?", fragte Professor Siebenkäs.
„Etwa verhungern? Der Löwe unten und wir hier oben?"
„Wenn ihm das Warten zu lange dauert, geht er wieder", tröstete ihn Doggy. Aber dem Löwen dauerte es nicht zu lange. Es dämmerte schon und er saß immer noch da.
„Wenn ich einschlafe", sagte Siebenkäs, „falle ich hinunter."
Ja, man kann sagen, die beiden befanden sich in einer schwierigen Lage. Mehr oder weniger saßen sie in der Falle. Aber manchmal gibt es eine Rettung, die niemand erwartet hätte.
In unserem Fall hieß die Rettung Jojo. Auf einmal tauchte seine Riesengestalt in der Ferne auf, kam näher und näher und zuletzt stand er unter dem Ast, auf dem Doggy und Siebenkäs saßen. Der Löwe hatte sich ein wenig seitwärts verdrückt, wollte aber das Feld nicht ganz räumen.
„Diesen Elefanten schickt uns der liebe Gott", sagte Siebenkäs, stieg

auf seinen Rücken und saß dort wie ein indischer Großfürst. Doggy durfte auf dem Rüssel Platz nehmen.
Und so kamen sie reitend glücklich wieder zu ihrem Geländewagen zurück und der Abschied von Jojo war herzlich und dauerte lange.
„Wir kommen wieder!", rief Doggy ihm nach.
„Aber nicht zu Fuß", sagte der Professor, denn er musste wie immer das letzte Wort haben.

Eine Lösung für die Rosinen-Geschichte: **71**

Die vergessenen Rosinen „Morgen ist Muttertag", sagte Thomas zu seinem Vater, „was hältst du davon, wenn wir Mama einen Rosinenkuchen backen?" „Eine gute Idee", stimmte Vater zu.	**Einleitung** Dazu gibt es kein Bild; man erfährt die Namen der Personen und ihre Beziehung zueinander.
Die beiden machten sich auch gleich an die Arbeit und bereiteten den Teig vor. Endlich war es so weit: Vater hatte den Teig in die Form gegeben, jetzt schob er ihn zufrieden lächelnd in das Backrohr, während Thomas daneben stand und mit großer Freude zusah: „Juhu! Jetzt gibt es einen Rosinenkuchen!" Doch nun musste der Kuchen erst einmal schön braun werden und das dauerte natürlich. Deshalb suchte Thomas nach dem Auto, mit dem er vorher noch gespielt hatte. Wo war es bloß? Vielleicht unter dem Tisch? Er guckte nach. Oh je! Was stand denn da? „Vati! Vati!", kreischte Thomas. „Um Gottes Willen, was ist denn passiert?", rief Vater erschrocken.	**Hauptteil** (Zeit: **Präteritum**) **1. Bild** Die Erzählung entfaltet sich in mehreren Schritten.
Thomas deutete wortlos auf die Rosinenschachtel unterm Tisch und Vater hielt die Luft an: „Wir haben die Rosinen vergessen. Was sollen wir jetzt tun?" Thomas ließ den Kopf hängen: „Ein Rosinenkuchen ohne Rosinen!"	**2. Bild** Allmählich entwickelt sich Spannung.

Vater zog einen Schemel herbei und setzte sich vor den Ofen, dabei hielt er die Rosinenschachtel in der Hand und starrte grimmig auf das Backrohr. Thomas kratzte sich am Kopf und auch er dachte lange nach.	**3. Bild**
Da hatte er eine glänzende Idee. Ohne dass Vater es bemerkte, lief er in dessen Zimmer, stieg auf das Bett und holte die alte Flinte von der Wand. Vater staunte nicht wenig, als Thomas mit dem Schießgewehr in die Küche kam. „Ja, was willst du denn?“, begann er, fuhr aber sogleich fort: „Das ist die rettende Idee! Sehr schlau, mein Sohn. Sehr schlau!“ Jetzt wurde die Flinte mit Rosinen geladen. Der Kuchen wurde wieder aus dem Ofen genommen und erhielt seinen Platz am Boden, etwas erhöht auf einer Kuchenplatte.	**4. Bild** Die Idee wird hier noch nicht verraten, das steigert die Spannung.
Vater legte sich wie ein Scharfschütze auf den Bauch (Thomas daneben) und ballerte eine Rosine nach der anderen in den Kuchen, dass es nur so rauchte. Ein Vergnügen war das!	**5. Bild**
Nach einer Weile stand Vater auf: „Es reicht. Den haben wir ordentlich mit Rosinen durchlöchert. Mutter wird sich freuen über unseren...“ „... Rosinenkuchen mit Pulvergeschmack“, fügte Thomas hinzu.	**Schluss**

72 *Da ist die geniale Lösung des Sohns. Hast auch du einen guten Einfall gehabt?*

Wie löst man ein Hundeproblem?

Den täglichen Spaziergang mit Struppi unternahmen Vater und Sohn stets gemeinsam. Beide freuten sich immer wieder darauf: der Vater,

weil er Bewegung brauchte, der Sohn, weil es mit Struppi selten ohne ein kleines Abenteuer abging. Doch war diese Freude leider nicht ungetrübt.
Denn eine Gewohnheit Struppis gehörte zum Spaziergang wie die Uhr zum Kirchturm: Vor jedem Baum oder vor allem, was im Entferntesten wie ein Baum aussah, blieb er stehen um das Hinterbein zu heben.
Am schlimmsten war es in der Schlossallee, wo ja ein Baum hinter dem anderen steht. Man muss sich nicht wundern, wenn Vater und Sohn Alleen nicht ausstehen konnten und um die Schlossallee immer einen weiten Bogen machten – wenn Struppi es zuließ.
Heute ließ er es nicht zu. Er zerrte so lange an der Leine, bis Vater und Sohn nachgaben. „Das kann ja heiter werden", seufzte der Sohn.
Und es wurde heiter: Nach kurzer Zeit mussten sie zum ersten Mal stehen bleiben. Vater sah gar nicht erst hin, der Sohn schon, aber genervt.
Wenig später kam vor einem anderen Baum der nächste Halt. Vater war noch erstaunlich ruhig, der Sohn hatte die schlechteren Nerven.
Beim nächsten Mal musste ein Laternenpfahl herhalten. Diesmal blickte Sohn einfach in die Luft, doch Vater strafte Struppi mit einem strengen Blick: „Jetzt nimm dich doch zusammen, Struppi!"
Der nächste Baum blieb nicht aus. Sohn war verzweifelt: „Vater, so geht das nicht weiter."
Vater stimmte ihm zu: „Wir müssen uns etwas einfallen lassen."
Von nun an dachte der Sohn nur noch daran, wie man das Hundeproblem lösen konnte. Sein Nachdenken hatte Erfolg.
Als Vater am nächsten Tag in die Werkstatt kam, sah er ihn schon bei der Arbeit. Auf einer rechteckigen Holzplatte hatte er einen kahl gehobelten Baumstumpf montiert. Das Werk stand kurz vor seiner Vollendung.
„Was soll das werden?", fragte Vater, der sich auf das Ganze keinen Reim machen konnte.
„Warte noch bis morgen, Vater."
Am nächsten Tag gingen Vater, Sohn und Struppi wieder spazieren und mit ihnen – zum ersten Mal dabei – ein fahrbarer Baum, den Vater zog. Struppi war selig. Er sprang auf die Holzplatte und dort blieb er.
Endlich konnte er sein Beinchen heben, sooft er wollte.
Und Vater und Sohn?
Auch sie waren glücklich, konnten sie doch nun auch in der Schlossallee ungehindert spazieren gehen.

73 *Glaub nicht alles, was Mädchen sagen*

Jeder hat einmal einen dummen Gedanken und macht etwas, was ihm hinterher vielleicht Leid tut.
Auch Luzie. Heute Morgen harkte sie Laub im Garten, fleißig, wie brave Mädchen nun mal so sind. Einen mächtigen Haufen hatte sie da geschafft. Und dann kam eben leider der dumme Gedanke.
Luzie zerstörte den Haufen wieder und schichtete einen Teil des Laubs auf den Baseballhügel nebenan. Sehr sorgfältig ging sie dabei ans Werk, sodass nichts von dem Hügel, der sich nun unter dem Laub verbarg, zu sehen war. Und da kam auch schon Charlie. Sie musste ihn nicht einmal rufen.
Jetzt wirkte Luzie plötzlich sehr erschöpft. „Du glaubst es nicht, Charlie, aber ich habe den ganzen Morgen Laub gesammelt."
Der arme Charlie sah voller Bewunderung den Laubhügel und dachte: „Ich weiß nicht, ob ich das auch geschafft hätte."
Inzwischen tat Luzie so, als wollte sie gehen, sich nach getaner Arbeit ein zweites Frühstück gönnen. Dabei sagte sie – so ganz nebenbei: „Ich wette, mein Blätterhaufen ist so weich wie ein Federbett."
(Warum legte sie sich nicht hin, wo sie doch so müde war!) Aber nun war Charlie an der Reihe und an seinen Stirnfalten konnte man sehen, dass er nachdachte, so lange nachdachte, bis er eine Idee hatte.
„Warte doch, Luzie! Ich spring mal in dein weiches Bett. Willst du mir zusehen?"
„Nichts lieber als das", rief Luzie schelmisch.
Charlie nimmt einen langen Anlauf. „Jippi!" Er segelt durch die Luft und schlägt dann voll mit dem Rücken auf. „Wummm!" Das Laub wirbelt durch die Luft und Charlie liegt regungslos auf dem harten Hügel.
Langsam geht Luzie zum Baseballhügel. Charlie rührt sich nicht, nach mehreren Sekunden erst schlägt er die Augen auf und sagt: „Du hast doch mit mir gewettet, dass der Haufen so weich ist wie ein Federbett."
Aber Luzie wollte sich nicht mehr daran erinnern und sagte nur schnippisch: „Warum glaubst du alles, was ich sage?!"
Ja, so ist das eben, und sie hat Recht. Man darf einfach nicht alles glauben, was Mädchen so sagen.
Charlie stand auf und ging ins Haus, und wir können nur hoffen, dass er aus dieser Geschichte etwas gelernt hat.

Vater, der Held **74**

Wenn es im Frühjahr wärmer wird, spielt Fritzchen gerne draußen. Am liebsten auf dem breiten Gehsteig vor der Sparkasse, denn da ist reichlich Platz für Fußgänger und spielende Kinder.
Es hatte einige Tage geregnet, aber nun schien wieder die Sonne und deswegen begleitete Vater seinen Sohn.
Der Kleine spielte mit einem Kreisel, und Vater, dem die Zeit ein wenig lang wurde, spazierte in der Nähe herum. Natürlich kam er immer mal bei seinem Sohn vorbei um nach dem Rechten zu sehen.
Als er einmal länger ausblieb, dachte Fritzchen: „Warum kommt Vater nicht mehr?“ Fast im selben Augenblick sah er einen großen Mann mit Schirmmütze auf sich zustürmen.
„Der hat es aber eilig“, dachte er. Doch da war der Große auch schon da und stürzte in die Sparkasse, wobei er Fritzchen unsanft zu Boden warf. Der heulte laut und vor allem weit hörbar. Wenn dieser Flegel sich wenigstens bei ihm entschuldigt hätte! Vater erkannte die Stimme seines Sohnes und war gleich zur Stelle. „Aber Fritzchen, was ist denn passiert?“
„Der Mann da drinnen“, schluchzte Fritzchen und deutete auf den Eingang der Sparkasse, „der hat mir wehgetan.“
„Na, der soll mich kennen lernen“, sagte Vater entschlossen, packte seinen Sohn und stürmte in die Sparkasse hinein.
„Wer war es?“, fragte er wild.
„Der da, Papa!“ Fritzchen zeigte auf den Mann mit der Schirmmütze, der gerade dabei war die Bank auszurauben und mit seinen beiden Pistolen die Bankleute in Schach hielt.
„Das werden wir gleich haben“, sagte Vater, trat an den gemeinen Räuber heran und streckte ihn mit einem derart gewaltigen Kinnhaken nieder, dass die beiden Pistolen wie Raketen durch die Bankhalle flogen. Aber nicht genug damit, Vater schlug den am Boden liegenden Missetäter zusätzlich windelweich – zu Fritzchens Freude und aller anderer, die eben noch Todesängste ausgestanden hatten.
Die Polizei traf bald ein und führte den Räuber ab, während Vater und Fritzchen auf der Straße herumgetragen wurden wie Fußballspieler nach dem Gewinn einer Meisterschaft. „Hurra, hurra!“, jubelten die Leute und schwenkten ihre Hüte. Fritzchen aber saß stolz auf Vaters Schoß, denn niemand kann sagen, wie die Sache ohne ihn ausgegangen wäre.

Hier sind die versprochenen **Ratschläge**, wie man sich fremden Hunden gegenüber verhalten soll:

1. Frage den Besitzer, ehe du zu einem fremden Hund hingehst.
2. Behandle einen Hund so gut, wie du selbst behandelt werden möchtest.
3. Schau einem Hund nicht starr in die Augen, das würde ihn zum Kampf herausfordern.
4. Komm seinem Schwanz nicht zu nahe, ziehe niemals daran, das wäre für ihn so schlimm, als würde jemand an deiner Zunge ziehen.
5. Lass den Hund beim Fressen unbedingt allein, das Fressen ist für ihn das Wichtigste.
6. Hunde, die raufen, solltest du auf keinen Fall trennen.
7. Wenn du vor einem Hund Angst hast, so laufe trotzdem nicht davon, er ist ein Jagdtier und wird dich verfolgen.
8. Wenn ein Hund dich mit seinen Zähnen (das sind für ihn Hände) festhält, so beweg dich nicht, bis er wieder loslässt.
9. Mit einem Hund solltest du nur dann spielen, wenn ein Erwachsener in der Nähe ist.
10. Ärgere nie einen eingesperrten Hund, du könntest ihm morgen auf der Straße begegnen.

(nach einem Leitfaden des Wiener *Instituts für interdisziplinäre Erforschung der Mensch-Tier-Beziehung*)

Wie du bei den Lösungen erfahren hast, ist ein Höhepunkt nicht plötzlich da. Er wird vielmehr vorbereitet, entwickelt sich.
Die Spannung einer Geschichte steigt an wie eine Kurve.

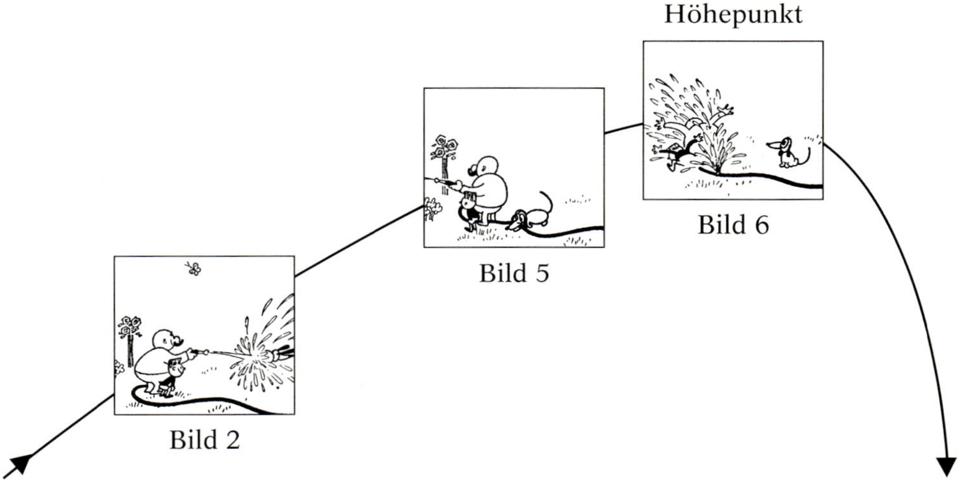

Die Spannungskurve steigt langsam an und fällt rasch.

Die Geschichte von Herrn Kaiser und Dackel Willi endet mit dem Höhepunkt in **Bild 6**. Das ist natürlich nicht das wirkliche Ende, den Schluss muss sich der Betrachter selbst hinzudenken.

Schreibe einen Schluss auf!

32

Du weißt nun, dass eine Geschichte nach dem Höhepunkt bald zu Ende ist, dass ihre Spannung sich löst.

Was du beachten musst, damit dein Höhepunkt auch **lesenswert** wird, lernst du auf der nächsten Seite.

Beim Höhepunkt einer Bildergeschichte kommt es darauf an, dass **ausführlich erzählt** und **beschrieben** wird.

Man schreibt, was man bei einer Geschichte *sehen – hören – riechen – schmecken – tasten* oder *fühlen* kann. (Wie wichtig die Darstellung von **Gefühlen** ist, wirst du im Kapitel über den Höhepunkt erfahren.)

Schreibe auf, was auf **Bild 5** zu *sehen* ist!
(Denke daran, dass du **genau** beschreiben sollst.)

33

Nun beschreibe, was auf **Bild 6** zu *sehen* ist!
Hier ist auch die **Bewegung** der Menschen und des Wassers wichtig.

34

Zu *hören* ist bei dem, was auf **Bild 5** geschieht, nichts – oder doch?
Denke auch über **Bild 6** nach!

35

Was werden Herr Kaiser und Fritz auf **Bild 5** *fühlen?*
Wie werden sie das *empfinden,* was auf **Bild 6** passiert?
Schreibe wieder auf!

36

Jetzt könnte man den Höhepunkt unserer Garten-Spritzgeschichte im Zusammenhang aufschreiben – aber es gibt noch eine weitere Möglichkeit ihn ganz besonders spannend zu gestalten.
Und die willst du doch sicher auch noch kennen lernen. Habe ich Recht?

Du weißt ja, dass der Höhepunkt auf **Bild 5** anfängt – aber **in welchem Augenblick** beginnt er denn nun **genau**? (Das ist nicht schwer herauszufinden, jeder kann **sehen**, warum es spannend wird!)

37

Wenn du nun **Bild 5** erzählst, machst du es wie immer: Im *Präteritum (1. Vergangenheit)* schilderst du deinem Leser, wie Herr Kaiser und sein Sohn Willi nach ihrem gelungenen Streich zufrieden den Garten gießen:

> Zufrieden *genossen* die beiden die sommerliche Wärme.
> Es *war* ganz still...

In dem Augenblick, wo es **spannend** wird, also wenn Willi den Schlauch durchbeißt, wechselst du die Zeit, verwendest also anstelle des *Präteritums (1. Vergangenheit)* das *Präsens (Gegenwart):*

> Dass zur gleichen Zeit hinter ihnen scharfe Zähne in den sonnenwarmen Gummi des Schlauches *dringen, merken* sie erst, als eine Fontäne...

Was erreicht man damit?
Durch den **Wechsel** von der **Vergangenheit** zur **Gegenwart** rückt das Geschehen näher an uns heran, läuft gewissermaßen vor unseren Augen ab.
Man darf jedoch nicht vergessen, am Ende des Höhepunkts wieder zur Vergangenheit zurückzukehren.

S c h r e i b e jetzt den Höhepunkt a u f!

38

Ist dein Höhepunkt gut geworden? Ich hoffe es.
In unserer letzten Geschichte spielt der Hund Willi eine wichtige Rolle.
Du hast Tiere gern, wie alle Kinder. Deshalb darfst du zur Erholung ein Quiz über Hunde machen, bei dem du wieder übst genau hinzusehen.

Hunde treten uns hauptsächlich auf drei verschiedene Arten gegenüber:

- Sie wollen auf uns Eindruck machen (sie geben ein bisschen an): Man nennt das **Imponierhaltung**.
- Sie drohen uns: **Drohhaltung**.
- Sie fühlen sich unterlegen: **Demutshaltung**.

Ob sie *angeben* oder *drohen* wollen oder sich *unterlegen fühlen*, das kannst du an ihrem **Gesichtsausdruck**, an ihren **Ohren** und an ihrem **Schwanz** sowie an ihrer **Körperhaltung** erkennen.
Versuche es, es könnte dir einmal nützlich sein.

Hier siehst du zwölf Bilder. Welche **vier** gehören wohl zur **Imponierhaltung**, welche **vier** zur **Drohhaltung** und welche zur **Demutshaltung**? (Auf der nächsten Seite folgt die Aufgabe dazu.)

✎ Trage nun die **Bildnummern** von der vorigen Seite richtig in die folgende Tabelle ein.

Das möchte uns der Hund sagen:	**Gesicht**	**Ohren**	**Schwanz**	**Körper**
„Bin ich nicht stark und schön?“ **Imponierhaltung**	______	______	______	______
„Vorsicht, ich beiße gleich!“ **Drohhaltung**	______	______	______	______
„Ich bin unterlegen, du bist stärker.“ **Demutshaltung**	______	______	______	______

Kurzer Hinweis:
Sicher liebst du Tiere, vielleicht auch Hunde. Wenn du wissen willst, wie man sich fremden Hunden gegenüber verhalten soll (das kann sehr nützlich sein), dann sieh am **Ende des Lösungsteils** nach.

5. Spaß für Fortgeschrittene: eine **lange** Bildergeschichte

Du kennst dich jetzt schon recht gut mit Bildergeschichten aus. Wir können uns daher diesmal mit einer **längeren** Geschichte befassen.
Wir werden – wie beim letzten Mal – versuchen in **vier Schritten** zum Ziel zu kommen.
Erinnere dich! Was war der **erste Schritt** auf dem Weg zur Bildergeschichte?

Vielleicht kannst du dich deutlicher ausdrücken als Doggy!
Schreibe den **ersten Schritt** auf!
(Wenn du die vier Schritte vergessen hast, kannst du auf den Seiten 12 bis 17 noch einmal nachsehen.)

Du machst den **1. Schritt**, d.h., du schaust die Bildergeschichte (hoffentlich mit Vergnügen) an!

Die Bildergeschichte heißt:

Unterschrift des Vaters

Diese Bildergeschichte ist eine der bekannten *Vater-und-Sohn-Geschichten,* die alle von den lustigen Erlebnissen eines Vaters mit seinem Sohn erzählen. Allerdings haben Vater und Sohn in diesen Geschichten keine Namen. Man kann daher welche erfinden. Nennen wir den Sohn *Max.*
Sicher hast du an dieser Geschichte deinen Spaß gehabt, vielleicht auch schon ihren Sinn herausgefunden.
Trotzdem darfst du die **Schwierigkeit** deiner Arbeit **nicht unterschätzen**.
Sehr oft glaubt man eine Aufgabe gelöst zu haben und muss hinterher feststellen, dass man sich doch getäuscht hat.
Gehen wir also schön **der Reihe nach** vor!

Jetzt kommt der **2. Schritt**. Weißt du ihn noch? Dieser Schritt ist besonders wichtig! Aber Doggy hat, wie du siehst, Schwierigkeiten.

Ich bin sicher, dass du dich an diesen Schritt erinnern kannst. Schreibe ihn auf!

41

Sieh dir das **1. Bild** genau an und notiere, was darauf zu sehen ist! Achte auf den **Gesichtsausdruck** der Personen, er sagt dir, was sie denken und empfinden.

42

Schreibe auf, was du auf dem **2. Bild** siehst! Achte wieder auf den **Gesichtsausdruck**!

43

Beschreibe nun das **3. Bild**!

44

Schaffst du es die **restlichen drei Bilder** zu beschreiben? Versuche es. (Wenn dir das zu viel ist, kannst du ja nach jedem Bild bei den Lösungen nachsehen.)

45

Merke:

Achte bei allen Bildergeschichten besonders auf den **Gesichtsausdruck** der dargestellten Personen! Er verrät uns etwas über ihre **Gefühle** und **Gedanken**.

Jetzt machen wir bei unserer langen Bildergeschichte _Unterschrift des Vaters_ weiter.
Erinnerst du dich noch an den **dritten Schritt**?

Schreibe ihn auf!

46

Eine **Zwischenbemerkung**:
Du wirst schon gemerkt haben, dass man die **Schritte nicht ganz voneinander trennen** kann.
Wenn man die **Bilder** zum Beispiel **genau betrachtet**, wird man zugleich auch an den **Sinn** denken. Trotzdem ist es **wichtig**, dass man sich an die einzelnen **Schritte erinnert**!
Wenn du nun darüber nachdenkst, was der Zeichner **nicht dargestellt** hat, wirst du dem **Sinn** der **Geschichte** immer **näher kommen**.

Schreibe auf, wie es zum **1. Bild** gekommen sein könnte!

47

Schreibe **genau** auf, was **zwischen Bild 2** und **Bild 3** geschehen sein könnte! Warum schreibt der Sohn mit verbundenen Augen seine Unterschrift?

48

Sicher weißt du jetzt, was jeweils **zwischen** den **restlichen Bildern** geschehen sein könnte. (Sieh dir noch einmal die Geschichte auf Seite 41 an.)

Schreibe auf!
(Du kannst natürlich nach **jedem** Bild bei den Lösungen nachsehen.)

49

Was geschieht nach dem **letzten** Bild?

50

Nach dem **4. Schritt** kannst du endlich mit der Erzählung beginnen.
Schreibe diesen Schritt auf!

51

Sicher ist dir bei der Arbeit der Sinn der Geschichte immer klarer geworden. Du wirst daher die folgenden Fragen beantworten können.
Wenn du das schaffst, weißt du, dass du den Sinn der Geschichte wirklich erfasst hast.

Zu jeder der folgenden Fragen findest du **mehrere** Antworten.
Nur **eine** ist jeweils richtig. Kreuze sie an!

1) Auf dem **1. Bild** zeigt der Lehrer auf das Heft.
Was könnte er zu Max gesagt haben?

❍ Du hast alles falsch ausgerechnet. Ich möchte, dass du diese Hausaufgabe von deinem Vater unterschreiben lässt.
❍ Du hast deine Hausaufgabe nicht gemacht. Zeig das Heft deinem Vater!

52

2) Warum macht Max auf dem **1. und 2. Bild** ein trauriges Gesicht?

❍ Er ärgert sich über die umfangreiche Hausaufgabe.
❍ Er befürchtet, von seinem Vater geschimpft zu werden.
❍ Er mag seinen Lehrer nicht.

3) **Welches Bild** stellt den **Höhepunkt** der Geschichte dar?
Wo ist sie am spannendsten?

❍ Bild 6, denn hier packt Max das Heft ein
❍ Bild 3, denn hier weiß Max noch nicht, ob Vater auf seinen Trick hereinfällt
❍ Bild 5, denn hier unterschreibt Vater

4) Welche der folgenden **Überschriften** würde **am besten** zu unserer Bildergeschichte passen?

❍ Die falschen Rechenergebnisse
❍ Hereingelegt
❍ Ein Wettkampf zwischen Vater und Sohn

5) Zwischen welchen beiden Bildern kommt dem Sohn die Idee, Vater hereinzulegen?

❍ zwischen dem 1. und 2. Bild
❍ zwischen dem 2. und 3. Bild

52

Jetzt sollst du die Bildergeschichte *Unterschrift des Vaters* **erzählen**. Schreibe sie sorgfältig auf und **vergleiche** dann mit dem **Beispiel** im **Lösungsteil**.

53

Das war eine anstrengende Arbeit für dich. Trotzdem: Man kann sie nicht gründlich genug machen.
Professor Siebenkäs hat dir eine lustige Denkaufgabe versprochen.
(Du warst ja sicher sehr fleißig!)

Hier siehst du die Geschichte von einem Spaziergänger – aber leider stimmt die Reihenfolge der Bilder nicht, wie so oft bei Bildergeschichten. Da muss man dann gut überlegen, auch bei dieser anscheinend so leichten Geschichte.

Kannst du die Bilder ordnen? Denke erst nach!
(Das ist Denksport!)

Nun schreibe die Zahlen in der richtigen Reihenfolge auf!

6. Was der **Erzähler** alles **weiß**

Diesmal brauchst du keinen Aufsatz zu schreiben. Du sollst dir zur nächsten Bildergeschichte lediglich ein paar **wichtige Gedanken** machen.

S i e h dir die Geschichte in Ruhe an und f i n d e ihren Sinn h e r a u s ! G e h e dabei in **vier** Schritten vor, so wie du es gelernt hast. (Du kannst noch einmal auf Seite 17 nachlesen.)

Die Geschichte heißt:

Jakob und der Zaungast

Ich nehme an, dass du den **Sinn** der Geschichte herausgefunden hast und sie jetzt schreiben könntest. Wir werden das natürlich nicht tun. Ich will dir vielmehr zeigen, dass man **vor dem Schreiben** stets noch etwas **Wichtiges beachten** muss.
Wahrscheinlich ist dir das, was ich jetzt erkläre, noch nie bewusst geworden, obwohl du schon damit zu tun gehabt hast. Also pass gut auf!

Wer eine Bildergeschichte **aufschreibt**, ist **Erzähler**. Zum Beispiel Doggy, der gerade eine Geschichte zu Papier bringt. Als **Erzähler versetzt** man sich in die **Personen** der Geschichte, man tut so, als ob man selbst die Person sei, von der die Geschichte gerade handelt.
Man **weiß** dann, was diese **denkt**, **fühlt** oder zu **tun beabsichtigt**.

Hast du dir das schon einmal überlegt? Sicher nicht.

Als Erzähler hat man zwei Möglichkeiten eine Geschichte darzustellen:

1. Der **Erzähler weiß**, was **jede Person** seiner Geschichte **denkt**, **fühlt** oder **beabsichtigt**, er ist **allwissend**.

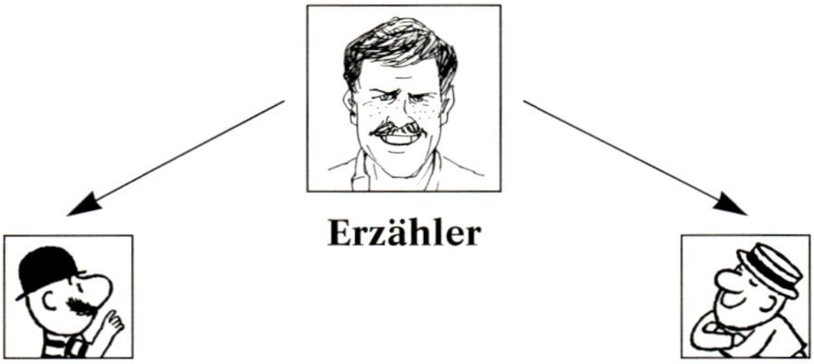

2. Der Erzähler schildert die Geschichte aus dem Blickwinkel nur **einer Person**.
   Dann darf er über die andere lediglich das schreiben, was man aus ihrem **Verhalten schließen** kann.

Ich will dir das an einem **Beispiel** zeigen.
Bei den folgenden drei **Erzählausschnitten** aus
Jakob und der Zaungast

ist
- **ein** Erzähler **allwissend**,
- **einer** erzählt aus dem **Blickwinkel** des **kleinen Jakob**,
- **einer** aus dem **Blickwinkel** des **Herrn Josef**.

 L i e s die drei Ausschnitte d u r c h !

Ausschnitt A:

Jakob denkt bei sich: „Hier gehört das Schild hin!“, und stellt es auf die Straße. Daneben ist ein eingezäunter Obstgarten. Am Zaun lehnt Herr Josef und sieht dem kleinen Jakob gut gelaunt bei der Arbeit zu.

Ausschnitt B:
Jakob denkt sich: „Hier gehört das Schild hin!", und stellt es auf die Straße. Herr Josef – auf seinen Gartenzaun gestützt – beobachtet Jakob gut gelaunt. „Aha!", denkt er, „die Straße wird endlich ausgebessert."

Ausschnitt C:
Von seinem Garten aus beobachtet Herr Josef, wie der kleine Herr Jakob ein Schild mit der Aufschrift „Vorsicht! Bauarbeiten!" in die Mitte der Straße stellt. „Aha! Die Straße wird endlich ausgebessert!", denkt Herr Josef und freut sich.

Ordne richtig zu!

1

allwissender Erzähler

Ausschnitt: _____

2

Blickwinkel des kleinen Herrn Jakob

Ausschnitt: _____

3

Blickwinkel des Herrn Josef

Ausschnitt: _____

55

Noch zu einer letzten Möglichkeit:
Unsere Bildergeschichte lässt sich auch in der **Ich-Form** erzählen, und zwar einmal aus **Jakobs Blickwinkel**, das andere Mal aus **Josefs Blickwinkel**.

Lies die folgenden beiden Ausschnitte durch!

Ausschnitt A:
Während ich mit dem Presslufthammer die Straßendecke aufriss, kam es mir so vor, als ob ich jemanden brüllen hörte. Ich drehte mich um und staunte nicht wenig. Durch die Erschütterung des Bodens purzelten die Äpfel nur so vom Baum herab. Der Besitzer tobte vor Wut.

Ausschnitt B:
Plötzlich stellte dieser Mensch den Presslufthammer an um die Straßendecke aufzureißen. Ich glaubte meinen Augen nicht zu trauen, aber die Erschütterung des Bodens war so stark, dass ein Apfel nach dem anderen herabfiel. Ich schrie: „Aufhören! Aufhören!“, aber bis der Mensch mich hörte, war es schon zu spät.

O r d n e wieder richtig z u !

1  Der kleine Herr Jakob erzählt. → Ausschnitt:_____

2  Herr Josef erzählt. → Ausschnitt:_____

56

Merke:

Ehe man eine Bildergeschichte schreibt, muss man sich genau überlegen, ob man sie aus dem **Blickwinkel aller Personen** oder nur **einer Person** darstellen möchte.
Auch die **Ich-Form** ist möglich.

Hilfst du dem armen Doggy?

E r g ä n z e die fehlenden Wörter!

Du hast auf den Seiten 50 bis 52 gelernt, dass man sich beim Schreiben einer Bildergeschichte in ihre jeweiligen Personen versetzen kann.

Man hat **zwei Möglichkeiten**:

Entweder man schreibt aus dem **Blickwinkel** ______________
Personen oder nur ______________ Person.
Außerdem ist noch die ________-Form möglich.

Zur Erholung eine typische *Bildergeschichten-Denkaufgabe.*

S i e h dir die Bildergeschichte a n.
Du wirst feststellen, dass es hier ein anscheinend unlösbares Problem gibt. Oder weißt du etwa eine Lösung?

58

Noch etwas: Professor Siebenkäs bittet dich um deine Aufmerksamkeit.

7. Bildergeschichten zum Fortsetzen

Eine Geschichte aus Opas Kindheit

Doggy hat Recht gehabt. Du näherst dich tatsächlich dem Ende deiner Arbeit. Was du noch nicht geübt hast, sind Bildergeschichten, bei denen man etwa den **Schluss** oder ein **anderes Bild selbst finden** muss.
Das ist etwas für Leute mit Köpfchen und Fantasie.
Doch keine Angst! Du kommst bei diesen Bildergeschichten mit **denselben Schritten** zum **Ziel** wie bei den anderen.

Opa erlebte die Geschichte auf der folgenden Seite, als er selbst noch ein Kind war.
Sieh sie dir in Ruhe an! (= **1. Schritt**)

Du erinnerst dich sicher, dass noch **drei Schritte** übrig bleiben. Bei unserer Geschichte muss man nun das Kunststück fertig bringen diese fehlenden Schritte fast **gleichzeitig** zu tun, denn

- nur wenn man zum Beispiel **Bild 3** genau ansieht (das ist der **2. Schritt**),
- findet man heraus, was **nicht gezeichnet** ist (= **3. Schritt**),
- und kommt damit auch dem **Sinn** der Geschichte ein Stück näher (= **4. Schritt**).

Zurück zu unserer Bildergeschichte!
Wir wollen einmal **Bild 1** mit **Bild 3 vergleichen**.

Finde heraus, was sich an der Vogelscheuche **verändert** hat!

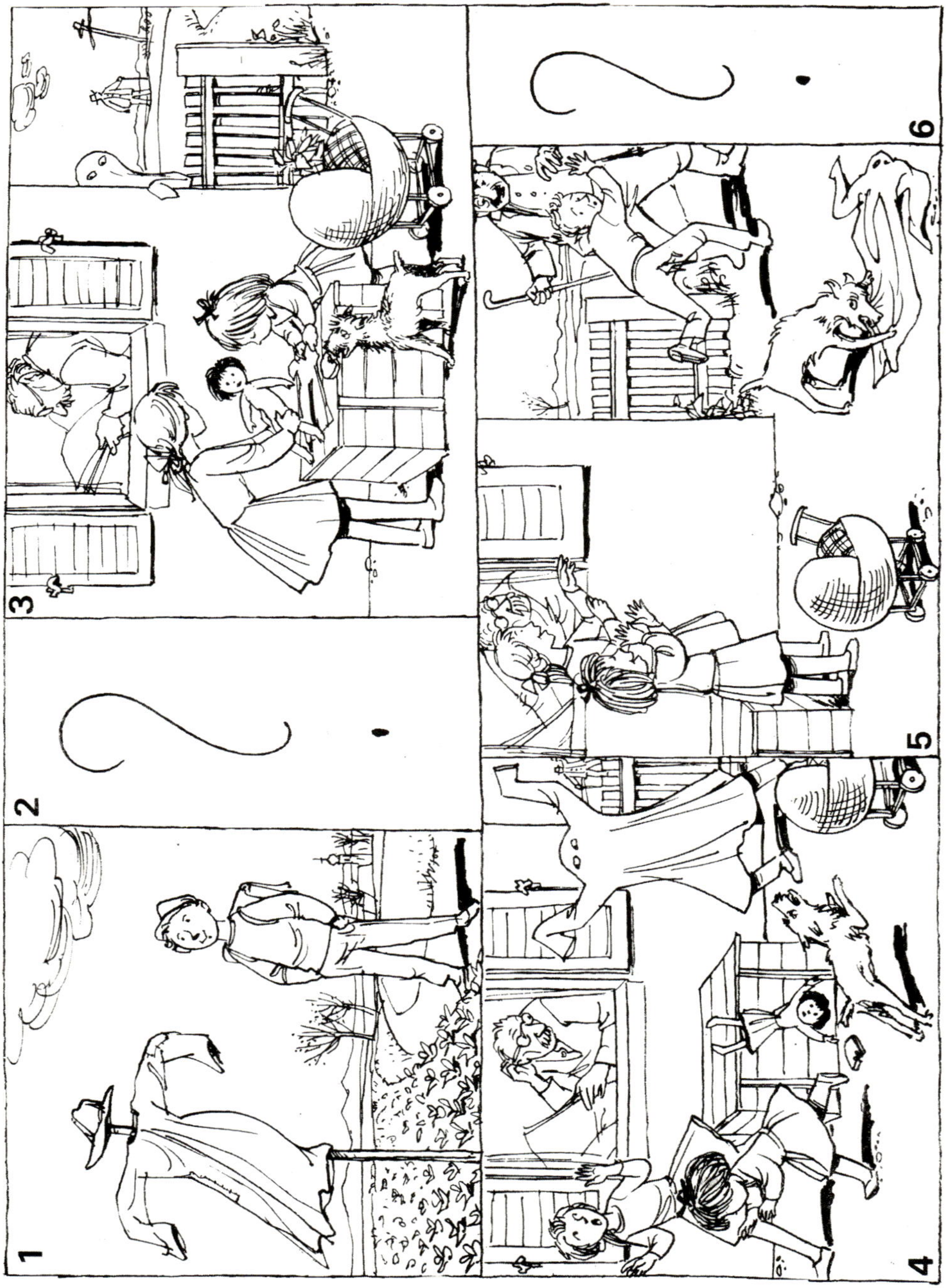

✎ Ü b e r l e g e , wo das Kleid hingekommen sein könnte!

60

Jetzt weißt du auch, was sich zwischen den beiden Bildern (das wäre dann Bild 2) ereignet haben muss!

✎ S c h r e i b e es in kurzen Sätzen a u f !

61

✎ **Bild 4** zeigt, ob der Junge mit seiner Absicht Erfolg hat.
Was meinst du?

62

✎ Ü b e r l e g e , **warum** dem **Jungen** sein Streich nicht gelang!

63

Nun bekommt es unser kleiner Spitzbube mit der Angst zu tun. Leider läuft er einem Mann in die Arme (vielleicht dem Bauern, dem das Feld mit der Vogelscheuche gehört, **Bild 5**).

✎ F i n d e h e r a u s , auf **welchem Bild** dieser Mann **zum ersten Mal** zu **sehen** ist!

64

✎ Was wird der Bauer (auf **Bild 3**) gerade **bemerken**?

65

✎ **Woran** lässt sich auf **Bild 4 erkennen**, dass der Bauer den „Täter“ bereits **erspäht** hat?

66

Zum Schluss hat unser Junge den doppelten Schaden: Er wird von den beiden Mädchen ausgelacht und vom Bauern...?
Nun, das ist eigentlich die **Fortsetzung** der Geschichte, die du dir einfallen lassen sollst!

✎ Schreibe deinen Vorschlag in **Stichworten** auf!

67

Merke:

Bei Geschichten mit **fehlendem Schlussbild** muss man besonders auf den **Sinn** der **vorhandenen Bilder** achten, damit man die Geschichte **folgerichtig zu Ende führen** kann.

Strafe muss sein

Du hast viel über die Bildergeschichte gelernt. Sicher kannst du dir nun zu den Zeichnungen auf der nächsten Seite einen g**elungenen Schluss** ausdenken. Welche Bilder sich der Zeichner ausgedacht hat, findest du im **Lösungsteil**. Aber bitte nicht vorher nachsehen!

Sieh dir die Fortsetzungsgeschichte an!

Also wieder eine Geschichte von Herrn Kaiser und seinem Hund Willi.
Eine ernste Geschichte.
Willi hat im Wohnzimmer etwas hinterlassen, was er besser anderswo hätte hinterlassen sollen. In solchen Dingen ist Herr Kaiser streng, strenger, am strengsten. Strafe muss sein und da kann der Rest der Familie (Fritzchen und Schwesterlein Eva kniend, die Hände erhoben) noch so bitten und flehen, unerbittlich führt Herr Kaiser den Übeltäter aus dem Haus. Wenigstens soll die Familie (beide Kinder sind noch minderjährig) nicht mit ansehen müssen, was Herr Kaiser mit dem armen Willi vorhat.

Ja, so weit, so traurig.
Jetzt bist du an der Reihe und kannst sehen, wie du die Geschichte zu Ende führst. Ob du noch ein gutes Ende zustande bringst, bezweifle ich.

✎ Ich frage mich: Bist du der große Geschichtenerzähler, der hier eine rettende Idee hat? (Willi wird dir's danken!)
Wenn ja, dann schreibe den **Höhepunkt** und den **Schluss** der Geschichte auf!

68

✎ Du findest hier ein Bild mit **13 Fehlern**, d.h. 13 Dinge (Gegenstände), die nicht der Wirklichkeit entsprechen.
Streiche sie an oder schreibe sie auf!

69

8. Eine Bildergeschichte zu **Doggys Ausflug**

Endlich geht Doggys Traum in Erfüllung: Für all die schmerzlichen Stunden der Arbeit und der Mühe nun die große Belohnung – eine Safari in Afrika!

1

2

3

4

5

6

Wenn du bisher alles gut durchgearbeitet hast, dann dürfte es dir nicht schwer fallen, diese Bildergeschichte aufzuschreiben.

Schreibe die Bildergeschichte auf und finde eine Überschrift dazu.

70

Vielleicht hattest du Schwierigkeiten eine gute Überschrift zu finden. Deshalb gebe ich dir zum Abschluss noch einige Hinweise dazu.

1. Eine Überschrift sollte man sich ausdenken, während man die Bildergeschichte schreibt oder wenn sie fertig ist, aber nicht vorher.

2. Die Überschrift macht eine **Aussage zur Geschichte**.
   Sie **informiert** den Leser darüber, worum es in der Geschichte geht.
   Das kann sehr **allgemein** sein: *Doggy und der Professor auf Safari*
   oder **etwas genauer**: *Doggys Abenteuer mit dem Löwen.*

3. Die **Spannung** einer Geschichte soll in jedem Fall **erhalten bleiben**.
   Nicht gut wäre:
   Wie ein Elefant Doggy und Professor Siebenkäs vor einem Löwen rettete.
   Hier würde bereits das **Wesentliche** dem Leser **verraten**.

4. Die Überschrift sollte – wenn möglich – **witzig** oder **humorvoll** sein:
   Löwen können lange warten – *Löwen sind geduldige Tiere* – *Eine Safari, die auf einem Baum endete* – *Doggy und Professor Siebenkäs als Überlebenskünstler.*

5. Vermeide **allgemeine**, **nichts sagende Formulierungen**:
   Die Safari – *Doggy und Professor Siebenkäs* – *Eine Afrikareise.*

6. Die Überschrift darf sich nicht nur auf **Nebensächliches** beziehen:
   Wie Doggy und Professor Siebenkäs einen Elefanten fütterten.

9. Überprüfe dein Können: 4 Bildergeschichten

Die vergessenen Rosinen

Diese Bildergeschichten haben anderen Schülern besonders gefallen. Du kannst sie dir ansehen und – wenn du Lust hast – aufschreiben. Selbst wenn du nur die Lösungsbeispiele im Lösungsteil liest, hast du etwas gelernt.

S i e h dir die Geschichte erst einmal a n !

71

Wie löst man ein Hundeproblem?

Manche Bildergeschichten haben ja leider keinen Schluss. Man muss ihn dazuerfinden. Dabei kommt es darauf an, dass man eine witzige Idee hat.

Sieh dir diese lustige Geschichte an!

Nun geht es also darum, dass du Ideen entwickelst.
Die Zeichner von Bildergeschichten haben natürlich in der Regel die besten Einfälle. Also musst du versuchen, ihre **Gedanken herauszufinden**.
Wie machst du das?
Des Rätsels Lösung liegt meistens in der jeweiligen Bildergeschichte selbst.
Also: Immer wieder ansehen und ansehen und – **überlegen**, worauf der Zeichner hinauswill.

Zuerst musst du herausfinden, in welchem Bild der Schlüssel zur Lösung liegt.
Überlege, in welchem, dann denke dir eine Möglichkeit aus, ehe du die Lösung nachsiehst.

72

Glaub nicht alles, was Mädchen sagen

Ja, manchmal kann man ganz schön hereinfallen, wenn man alles glaubt, was einem gesagt wird.
Jedenfalls ging es Charlie Brown so bei der Sache mit dem Laubhaufen.

Wenn du die Geschichte nicht kennst, dann sieh sie dir auf der nächsten Seite an!
(Ich hoffe, du kannst etwas daraus lernen!)

73

ICH HABE DEN GANZEN MORGEN LAUB GESAMMELT...
TOLL, WAS, CHARLIE BROWN?
ICH WETTE, MEIN BLÄTTERHAUFEN IST SO WEICH WIE EIN FEDERBETT!
JIPPI!
WUMM!
WARUM GLAUBST DU ALLES, WAS ICH SAGE?
SCHULZ

Vater, der Held

Diese Bildergeschichte ist bei Schülern sehr beliebt.
Hoffentlich macht es auch dir Spaß, sie aufzuschreiben.

Die Bildergeschichte
Das Wichtigste auf einen Blick

Die **Bildergeschichte** wird in der Regel aus der Sicht des **allwissenden Erzählers** wiedergegeben.

	Einleitung	
Fantasie		• Was in der Einleitung passiert, ist meistens **nicht** gezeichnet. Man muss es deshalb **erfinden**. • Hinweise findet man oft in **anderen** Bildern. • Erzählt wird im **Präteritum** (1. Vergangenheit).
wer?	 	
wann? →		
wo?		
	Hauptteil	
1. Bild *Fantasie*		• Man erzählt genau und mit treffenden Ausdrücken. • Die **Handlung** zwischen den Bildern muss erfunden werden.
2. Bild		• **Höhepunkt:** Hier sollte die Erzählung am **ausführlichsten** sein, deshalb: **Gefühle – Gedanken – wörtliche Rede.**
Fantasie	**Schluss**	• Auch hier muss man sich oft etwas ausdenken. • Manchmal wird eine Lehre erteilt.

Lerntipps

1. **Verteile** den **Lernstoff** auf **einzelne Tage**.
   Das beruhigt.

   Vorschlag:
   1. Tag: Seite 2-11
   2. Tag: Seite 12-17
   3. Tag: Seite 18
   4. Tag: Seite 19-26
   5. Tag: Seite 27-33
   6. Tag: Seite 34-39
   7. Tag: Seite 40-45
   8. Tag: Seite 46-47
   9. Tag: Seite 48-54
   10. Tag: Seite 55-58
   11. Tag: Seite 58-61
   12. Tag: Seite 62-63

2. Arbeite **nie länger** als **50 Minuten** ohne Unterbrechung. Dann lege eine **Pause** von **2 bis 10 Minuten** ein. Eine wirkliche Pause! Nicht lesen, nicht fernsehen! Aber ein wenig Gymnastik (z.B. Überkreuzbewegungen: die rechte Hand berührt das linke Knie, die linke Hand das rechte), ein Erfrischungsgetränk, leise, ruhige Musik wären jetzt genau das Richtige.

3. Es bleibt dir überlassen, ob du die Aufgaben zur Entspannung noch am Ende einer Arbeitseinheit machen willst oder an einem anderen Tag.

Quellenverzeichnis:
„Mein kleiner Freund Jakob“ von H.-J. Press, Bd. 104, Ravensburger Taschenbücher / Hans Kossatz, Berlin / Hans Kossatz, Willi + Familie Kaiser. Verlag Illustrierte Presse GmbH Stuttgart 1957 / e.o. plauen: aus Vater und Sohn. Südverlag GmbH, Konstanz / W. u. F. Schmidt, Luftballongeschichte aus: H.-J. Gelberg (Hrsg.), Der fliegende Robert. 1977 Beltz Verlag, Weinheim + Basel / Robert Storm Petersen, Komische Welt. Rütten & Loening Verlag / Deutschbuch f. Kinder 3, Ausgabe B, Hirschgraben Verlag Frft.-Main / Spiel mit, Velber Verlag, Seelze / A. u. U. Arigioni, Besseres Deutsch, Schubi Lehrmittel AG Winterthur / Geschichte in Bildern, Folge 1, R. Oldenbourg Verlag / Zeitschrift Eltern, München / Charles M. Schulz, Cartoon. Aus: C.M.S., Charlie Brown u. seine Freunde. Ravensburg (Maier) 1970 © United Feature Syndicate, Inc.

Die Bildergeschichte